Heynitz: Im Niedergang den Aufstieg finden

Sigismund von Heynitz

Im Niedergang den Aufstieg finden

Verlag Ch. Möllmann

Die Deutsche Bibliothek – CIP-Einheitsaufnahme
Heynitz, Sigismund von:
Im Niedergang den Aufstieg finden / Sigismund von Heynitz.
– 2. Aufl. – Schloß Hamborn : Möllmann, 1999
ISBN 3-931156-39-7

Für die auf den Seiten 134-144 abgedruckten Briefe
© Piper Verlag GmbH, München 1961

Zweite Auflage 1999

Alle Rechte vorbehalten
Copyright © by
Verlag Ch. Möllmann
Schloß Hamborn 94, 33178 Borchen
Textverarbeitung: Publizistische Dienstleistungen
Tel.: 0 52 51 – 2 72 80
Fax: 0 52 51 – 2 72 56
Herstellung: Bonifatius GmbH, Paderborn (Inhalt)
Druckerei Möhring & Droll, Altenbeken (Umschlag)
Buchbinderei Kloidt, Paderborn

ISBN 3-931156-39-7

Inhalt

Zur Einführung 10

Teil I Der Weg nach außen 13
  Wendezeit 14
  Das Michaelische Zeitalter 18
  Im Niedergang den Aufstieg finden 24
  Naturwissenschaft und Religion 35
  Der Mensch zwischen Gut und Böse 41
  Wege zur Freiheit 46
  Wer bin ich? 48
  Von der Hygiene des Alltags 50
  Von der Lebensführung 52
  „Ändert euren Sinn" 55
  Der Einzelne und die Gemeinschaft 57
  Erde und Mensch 61
  Mensch – Erde – Welt 65
  Die Tragik des technischen Zeitalters 72
  Eigeninitiative ist gefragt 75
    Initiative auf dem Lande 78
    Initiative im öffentlichen Leben 81
    Initiativen der Jugend 82
  Die Schicksalsstunde der Gegenwart 85

Teil II Der Weg nach innen 91
  Vom Bild des Menschen 93
  Vom Verlust der Mitte 96
  Die Erkenntnisfrage 100
  Das Gebet 104
  Von der Wandlungskraft der Seele 108
  Vom inneren Weg des Menschen 111

Teil III Das Vermächtnis unserer Toten aus dem 2. Weltkrieg 119

Ein Schlußwort 146

„In Zeiten, in denen Niedergangskräfte dominieren, kommt es auf den ganzen Menschen an, auf den Entschluß, nicht mit dem Strom und nicht gegen den Strom zu schwimmen, sondern Neuland zu schaffen, in sich selbst und in seinem Wirkenskreis."

Rudolf Steiner

Zur Einführung

Niemals steht die Entwicklung still, und in großen Zeitepochen geht sie auf der Erde fernen Zielen zu. Was wir heute erleben, kommt nicht unvorbereitet. Wir finden viele Stimmen in vergangenen Jahrhunderten, die davon künden. Sie haben auf diesen Zeitpunkt mit sorgenden Worten hingewiesen, der einmal kommen mußte: Die Freiheit des Menschen in aller Selbständigkeit steht auf dem Prüfstand. In weiser Weltenlenkung wurde der Mensch dazu ausersehen nun ganz eigenmächtig, aus dem Inneren heraus, die Erde ihrer Bestimmung zuzuführen, das heißt, das eigene Schicksal mit dem der Erde innigst zu verbinden. Der Mensch wurde gleichsam aus der Hut beschützender Mächte entlassen; an die Stelle des Glaubens trat die Erkenntnis. Der Mensch kann nun, ganz auf eigene Verantwortung gestellt, sich die Erde zu eigen machen. Als geistig-physisches Wesen ist er in der Lage, in beiden Welten zu leben. Mit Hilfe der Naturwissenschaft wurde es möglich, alles Lebendige auf seinen physischen Seinsgehalt hin zu prüfen und je nach dem sich untertan zu machen. So entstand eine fast nahtlose Durchdringung, allerdings mit der Einschränkung, daß nur das Wäg- und Meßbare sinnvoll eingegliedert werden konnte, die Welt darüber hinaus blieb verborgen. Das Lebendige, Geistbegabte, entzog sich dem Zugriff des Menschen immer mehr und es resultierte eine nur durch den Stoff geprägte, tote Wissenschaft. Der Mensch verarmte zugleich seelisch – geistig, weil er den großen Zusammenhang verlor, einschließlich den Kosmos.

Was uns obliegt, ist sicherlich sehr schwer, weil wir die Entwicklung nicht zurückschrauben wollen und können. Aber es muß etwas grundlegend Neues geschehen, damit eben diese mehr technisch begabte Welt einen Rückhalt gewinnt, eine Stütze, auch damit sie nicht in einen Leerlauf, in ein „Nichts", einmündet. Wenn das geschähe, würde es einen ungeheuren Rückschlag für die Menschheitsentwicklung bedeuten mit unermeßlichen Folgen. Beides kann sich stark befruchten, was heute noch nebeneinander herläuft. Es ist nur gegenseitige Toleranz erforderlich! Geisteswissenschaft, vor allem wie sie die Anthroposophie vertritt, wird die Naturwissenschaft weiterführen und ergänzen können. Niemals wollte Rudolf Steiner eine Konfrontation. Er erkannte die hervorragenden Leistungen auf diesem Gebiet voll an. Seine Ratschläge zur Weiterbildung und inneren Schulung werden im 2. Teil kurz behandelt.

In einem dritten Teil soll das Vermächtnis unserer Toten aus dem 2. Weltkrieg zu uns sprechen.

Es kann sich in dieser kleinen Studie wirklich nur um einen *Versuch* handeln, um nicht mehr. Vielleicht wird der Leser auf einige Zitate stoßen, die er womöglich noch nicht kennt, die aber eine ganz wesentliche Aussage enthalten.

Diese Arbeit gründet sich auf den geisteswissenschaftlichen Erkenntnissen Rudolf Steiners.

Teil I

Der Weg nach außen

Wendezeit

Es geht eine Epoche zu Ende, und ein neues Zeitalter hat bereits begonnen. Jeder kann es an sich selber verspüren.
Es ist Wendezeit mit allen Nöten und Gefahren, mit allen Wirrnissen – aber auch mit neuen Erfahrungen und Begegnungen!
Alte überkommene Vorstellungen haben keine Tragkraft mehr. Nichts kann uns darüber hinwegtäuschen! Wir müssen hindurch, wenn der Weg auch schwer sein wird! Der Medienrummel ist nur ein Zerrbild dieses in der Tiefe verlaufenden Geschehens. Viel größere Bilder, oftmals erschreckende, werden von Zeitgenossen erlebt. Ein tragisches Lebensgefühl breitet sich aus. Wir wollen in dem Neuland fußfassen, aber können es noch nicht. Nur der oberflächliche Blick kann der Scheinwelt, die wir um uns entstehen ließen, auf Dauer etwas abgewinnen. Diese kann von heute auf morgen ihre Wertlosigkeit demonstrieren.
Aber, worum es geht, kann nicht so leicht Allgemeinbesitz werden. Dazu sind die Anforderungen zu groß. Immerhin kann und muß das Umdenken beginnen. Kürzlich, am 22./23. August 1998, stand in der „Neuen Zürcher Zeitung" ein längerer Artikel der überschrieben war: „Götterdämmerung des wissenschaftlichen Zeitalters". Es ist ein Gespräch mit dem bekannten amerikanischen Wissenschaftsjournalisten John Horgan, der ein umstrittenes Buch über das Ende der Wissenschaft geschrieben hat. Ich möchte hier nicht alle Einzelheiten wiedergeben, wenn sie auch sehr interessant sind. Das Fazit ist dieses: Es gibt keinen Fortschritt mehr in der Wissenschaft, die letzten Fragen lassen sich für den Menschenverstand nicht erschließen.
Nun, diese Aussage wird durchaus nicht von allen bejaht, aber sie spricht für sich. Wir sind an diesem Punkt angekommen, wo die hergebrachten Vorstellungen keine Gültigkeit mehr haben.

Denken wir einmal weit zurück in der Geschichte der Menschheit. Wir nehmen wahr ihr Ringen um die letzten Fragen im Bewußtsein einer göttlich-geistigen Welt! War denn das alles vergeblich? Ist es nicht unsere eigene Geschichte, auf die wir zurückblicken? Wir tun meist so, als ginge uns das alles nichts an, es ist gewesen und damit Schluß! Welch entsetzliche Kurzsichtigkeit, welcher Hochmut spricht aus dieser Gesinnung! In den Untergründen unseres Wesens ruht aber jenes Gut von dem wir nichts wissen wollen. Schauen wir um uns, so bricht es bereits in sehr vielen Menschen auf. Weit mehr als wir glauben, ist die Welt erfüllt von zutiefst geistvollen Seelen. „Es ist an der Zeit", daß wir aus unserem Zivilisationsschlaf aufzuwachen beginnen. Nur müssen wir uns verständigen! Einer allein vermag nichts.

An so vielen Ereignissen unserer Tage läßt sich ablesen, wo wir stehen, was der technische Fortschritt uns täglich „beschert".
Weltweit kommunizieren wir miteinander. Aber ist das wirkliche Verständigung? Es ist nicht auszuschließen, daß auch auf diesem Wege Fortschritte erzielt werden können, aber das geschieht nicht von selbst, auf „Knopfdruck" gleichsam. Kürzlich (am 17. 5. 1999) war im „Hamburger Abendblatt" zu lesen unter der Überschrift:
„Versinken wir in der virtuellen Welt des Internets?"
daß übermäßiges Internet-Surfen „zu einer sozialen und kulturellen Katastrophe" führt. Davor hat der Staatsminister für Kultur im Bundeskanzleramt, Prof. Michael Naumann, eindringlich gewarnt. Wer sich der virtuellen Welt verschreibe, verzichte weitgehend auf direkte menschliche Kontakte. Die Folge: Soziales Engagement und Toleranz drohen im Internet zu versinken.

Es ist erstaunlich, wie wenig die wahre Natur des Menschen noch erkannt wird! Dabei liegt es doch beinahe auf der Hand, was hinter jedem Einzelnen steckt. Man braucht nicht einmal viel Mühe aufzuwenden, um die Großartigkeit jeder menschlichen Seele zu entdecken. Wir stoßen auf einen Reichtum ohnegleichen, ob beim Kind oder einem reifen Menschen.
Warum klammert man denn diese verborgenen Welten aus, als gäbe es sie nicht? Es ist ein Hohn, daraufhin in unsere Zeitungen zu blicken! Wie weit sind wir abgesunken und noch zeigen sich kaum Hoffnungsschimmer eines Wiederaufstieges! Was nützen

all die schönen Worte, die gelegentlich fallen, wenn sich aber auch gar nichts in der Lebenspraxis ändert!

Wir sind bereits auf dem besten Wege auch noch die letzten Reste unseres Menschentums zu verlieren. Das bedeutet aber den Tod der Seele!

Der bekannt US-Soziologe Richard Sennet wird in der gleichen Ausgabe des „Hamburger Abendblattes" vorgestellt als „Mahner im Boom der euphorischen, oberflächlichen «Millenium»-Schriften und Zukunftsmanifeste. In denen wimmelt es von vermeintlichen Chancen, unendlichen kommunikativen Möglichkeiten und neuen technischen Universen. Was nach Sennets Befürchtungen dabei untergeht, ist etwas Zartes und Altmodisches: die menschliche Seele."

Es braucht nichts mehr hinzugefügt werden, wir kennen all diese Zustände nur zu gut. Doch gibt es eine geistige Welt über und in uns, die wacht und eingreifen will. Schauen wir nur genauer hin auf alles Positive, Zukünftige, was heute geschieht, und halten wir unsere Gesinnung nicht zurück! Die Gleichgesinnten werden sich begegnen. Ein Funke wartet nur, um überzuspringen. Die Welt will sich entzünden an der Neugeburt des Menschen, an seinen unverlierbaren geistigen Möglichkeiten. Es gibt ein Zeitgewissen, das uns allen gleichermaßen eigen ist und uns trägt und weiterführen kann.

Michael-Holzplastik in der Stadtkirche St. Michael, Jena

Das Michaelische Zeitalter

Mit dem Jahre 1879 sind wir in das michaelische Zeitalter eingetreten. Sieben Erzengel gibt es, die sich in der Führung eines Zeitabschnittes, der etwa so viel Jahre bemißt, wie ein Jahr Tage hat, ablösen. Das ist ein altes Wissen, was aber durch Rudolf Steiner erneuert wurde. Natürlich ist es schwer, mit unserem einfachen Verstand in diese erhabenen Zusammenhänge einzudringen. Michael ist ein Erzengel von dem schon die Apokalypse im Evangelium kündet: *„Und es erhob sich ein Streit im Himmel: Michael und seine Engel stritten mit dem Drachen; und der Drache stritt und seine Engel, und siegten nicht, auch ward ihre Stätte nicht mehr gefunden im Himmel. Und es ward ausgeworfen der große Drache, die alte Schlange, die da heißt der Teufel und Satanas, der die ganze Welt verführt, und ward geworfen auf die Erde, und seine Engel wurden auch dahin geworfen ..."* (Offenbarung 12,7)

Das Michaelische Zeitalter hinterläßt heute überall seine Spuren – und nicht nur im Verborgenen! Die „Stürme", die durch die Welt ziehen, sprechen seine Sprache. Diese Zeit, in der wir leben, wird von Rudolf Steiner einmal folgendermaßen geschildert:

„Mancherlei hat sich zugetragen innerhalb der Menschheitsentwicklung auch in historischen Zeiten. Eine solche innere Umwandlung des ganzen menschlichen Bewußtseins, wie die ist, in der wir stehen, und die sich immer mehr und mehr zeigen wird, die war in historischen Zeiten gewiß noch nicht da (...) Für das innere Seelenleben des Menschen ist die Umwandlung, auf die ich hier hindeute, gegen die nächste Zukunft zu – die bedeutungsschwerste in historischen Zeiten."[1]

Allerdings, so wird ausgeführt, sollen die Besonderheiten nur durch die Initiationswissenschaft zu erkennen sein. Das gilt auch für den Kampf Michaels mit dem Drachen, der mit dem Ende des 19. Jahrhunderts in ein neues Stadium eingetreten ist.

---

[1] Rudolf Steiner: Wie kann die Menschheit den Christus wiederfinden?, GA 187

Michaels Kampf mit dem Drachen, der die Menschheitsentwicklung seit Urzeiten begleitet (siehe Bild), ist immer wieder dargestellt worden. Er ist uns heute gleichsam „auf den Leib geschrieben." Und es geht nicht um das Allgemeine, sondern um jeden Einzelnen. Michael ruft uns in diesen Entscheidungszeiten mit unerbittlichem Ernst. Er kennt keine Lauheit, kein Verzagen; mutvoll sollen wir vorwärts schreiten. Michael wird auch mit der Waage dargestellt. Er wägt die Herzen, aber über seiner Hand waltet Segen. Sein Denken ist nicht das unsere, es ist unmittelbar mit dem Willen gepaart. Michael ist im höchsten Sinne ganz Wille da er ja noch immer im Kampf mit dem Drachen steht in den menschlichen Herzen.

So singen wir zu Michaeli das Lied:

Das Herz wird wach

Das Herz wird wach,
der Tag wird hell
wir grüßen dich, Sankt Michael,
dein Zeichen ist der Sieg.

Am neuen Tag
gib neue Kraft,
die Gutes in die Erde schafft
und allem Bösen Krieg.

Du Gotteskämpfer
stark und schnell,
du Schwertesengel Michael,
gib uns den Sieg.

Heinz Ritter

Wir können dankbar sein, daß wir in ein Michaelisches Zeitalter hineingeboren sind, wenn es auch viel von uns verlangt: Kriege und soziale Krisen rütteln unbarmherzig am Menschheitsgewissen. Erwachet! ruft es uns zu. Im Zivilisationsschlaf befangen, hat die Menschheit heute noch keine Tragekraft, so wie sie Michael von uns verlangt. Erbärmlich klein müssen wir uns unter seinen

Augen vorkommen. Doch Einzelne sind es, große Vorbilder, die in dieses Jahrhundert hineingeboren sind. Ganz unbemerkt vollzieht sich ein Wandel in vielen Seelen.

Noch niemals in der Geschichte der Menschheit gab es so viel Tote durch menschliche Schuld wie im 20. Jahrhundert. Hitler stürzte uns in einen Weltbrand ohnegleichen. Und die Kriege dauern an. Was sich aus Schutt und Asche erhob, waren nicht die Menschen, die Michael brauchen kann: Weitere Katastrophen sind die unausbleibliche Folge. Und doch ruft uns Michael zur Besinnung, zur Erkenntnis. Wer wachen Auges um sich blickt, entdeckt überall, meist im Stillen, Menschen, die sich auf den Weg machen. Über unserer so schwergeprüften Zeit steht, unsichtbar für die meisten, mit goldenen Lettern:

O Mensch, erkenne dich selbst.

Michael will die Menschheit retten, daß sie nicht im Materialismus versinkt. Daher müssen wir Krisenzeiten positiv sehen. Es gibt keine Alternative! Oftmals nimmt uns Michael auch ganz unbemerkt an die Hand. Plötzlich geht uns ein Licht auf unter anderem an ganz einfachen Dingen. Und es werden schon ganze Bücher geschrieben über die wundersamsten Erlebnisse, bis zu Christusbegegnungen. In der Stille reift eine neue Welt heran. Wir werden über Einzelnes noch berichten.

„Fragen wir uns einmal wie die letzte Michael-Epoche von 700 bis etwa 300 vor Christi Geburt aussah. Sie hatte entscheidende Merkmale: Große, überragende Persönlichkeiten lebten in dieser Zeit. Einmal die Fülle alttestamentlicher Propheten und zu gleicher Zeit die großen Philosophen Griechenlands wie Pythagoras, Sokrates, Plato und Aristoteles. Diese geistigen Impulse trugen das Mittelalter und reichen bis in unsere Gegenwart hinein. Daneben wirkten in Griechenland große Plastiker und Dramatiker. Zu gleicher Zeit lebte der heilige Gautama Buddha, wie auch im fernen Osten die chinesichen Weisen wie Laotse und Konfuzius. Sendboten Michaels sind die vielen großen Geister auf Erden. Michaelischer Inspiration entstammt das reiche, vielgestaltige

Geistesleben, das überall in der Menschheit in so wunderbarer Gleichzeitigkeit aufblüht ... auch die stürmische Bewegtheit des Zeitalters ist ein Rätsel, das sich erst durch den Blick auf den gewaltigen Erzengel der Zeit löst. Michael pflügt unermüdlich den Acker der Menschheit, damit der Geistessame, den er in so großer Fülle ausstreut, auf Gedeihen Aussicht hat. Er rüttelt und schüttelt die Menschheit. Ihr Erwachen zum Geiste ist ihm wichtiger als ihr äußeres Wohlergehen. Viel Altes muß stürzen, damit das Neue entstehen kann. Göttlich michaelische Stürme sind es, die über die Erde dahingehen."[2]

Aber entscheidend für diese Epoche ist die Christuserwartung oder auch der Logos-Gedanke, wie ihn z. B. Laotse benennt. Vor allem sind es die Propheten, die das Kommen des Messias ankündigen.

„Und wir erkennen in dem Vorsehungswunder der großen Geisterversammlung in Israel, die der Brennpunkt der über die ganze Erde hin ausgebreiteten großen Gleichzeitigkeiten ist, ein Zeichen dafür, daß in der Tat ein wichtiges Vorereignis des Mysteriums von Golgatha stattfindet. Das gibt der Prophetenzeit ihre hochgespannte Geistesfülle, daß damals der Schatten des herannahenden Christusschicksals in die Sphäre des Volksschicksals gefallen ist. Die messianische Schicksalsfigur will sich zuerst volksmäßig verwirklichen, ehe sie sich im Erdengeschick des Einen vor aller Welt enthüllt."[3]

Der Beginn der diesmaligen Michaelepoche steht unter dem Zeichen der zwei großen Weltkriege mit ihren Folgen, Hitlers Wahnsinnstat, aber auch der vielen kriegerischen Auseinandersetzungen in aller Welt. Hinter diesen erschreckenden Erscheinungen steht das Ereignis des wiederkommenden Christus im Ätherischen. Darüber macht Rudolf Steiner sehr genaue Angaben. (Wir werden darauf noch zurückkommen.)

---

[2] Emil Bock: Michaelisches Zeitalter, Stuttgart 1979
[3] Emil Bock: Könige und Propheten, Stuttgart 1936

Der Erzengel Michael ist mit der Christuswesenheit aufs innigste verbunden, er bereitet ihr den Weg, wie damals in seiner letzten Wirkensepoche, so auch heute.

Wir stehen vor der ernsten Frage nach dem Sinn der Gegenwart, nachdem die Naturwissenschaft seit Galilei und Kopernikus so enorme Fortschritte gemacht hat und schließlich alles erklärbar wurde bis in die verborgensten Winkel hinein. Das geschah im Gabrielischen Zeitalter. *„Es entsprach dem Willen der geistigen Welt, daß durch die materialistische Prägung, die das naturwissenschaftliche Weltbild annahm, eine tragische Einseitigkeit in die Menschheit Einzug hielt. Gabriel inspirierte die Menschen so, daß sie sich eine zeitlang ganz materialistischen Gedanken über die Welt hingaben. In den alten mythischen Darstellungen ist der Erzengel Gabriel immer als derjenige geschildert, der mit dem wehrenden feurigen Schwert an der Pforte des Paradieses steht, und den Menschen aus der seligen Gottesnähe vertreibt.*

Und so hatte der Mensch eine Zeit von dreieinhalb Jahrhunderten, in der er weder von Göttern noch von Dämonen in der Aufgabe gestört wurde, die äußere irdische Natur einschließlich des Laufes der Gestirne, auf die darin waltenden Naturgesetze hin zu erforschen. Da die Pforten der übersinnlichen Welt über ihnen verschlossen waren, kamen die Menschen im Einklang mit dem Zeitgeist Gabriel zu der Einseitigkeit des materialistischen Weltbildes."[4]

Michael sucht demgegenüber Kampfgenossen wider den Ungeist. Er will den Aufstieg der Menschheit, damit sie nicht im Abgrund des Materialismus versinke. Das bedeutet ein erweitertes Denken, die Umschau nach den Quellen, aus dem sich alles Lebendige speist. Es bedeutet aber auch, den Boden der Naturwissenschaft nicht zu verlassen. Goethe ist der Bahnbrecher auf diesem Wege.

Es ist charakteristisch für unsere Zeit, daß alte gedankliche Weltbilder (die großen Philosophen) verblassen, total in Vergessenheit geraten. Dafür setzt der Gegenstoß des Willens ein.

---

[4] ebenda

„Es muß im Michael-Zeitalter ein Denken entwickelt werden, das mit der Gewalt des Willens durchdrungen ist, das dem Leben dient, indem es unmittelbar schöpferisch in die Welt eingreift. Aber die Menschheit weiß nicht, was sie tut, indem sie so einseitig im Sinne der Technik ein Willensdenken entfaltet. Sie weiß nicht, in welche unheimlichen Räume sie sich damit hineinwagt. Sie weiß nicht, welche Sphären sie beschwört. Sie weiß nicht, daß sie mit dem promethischen Feuer spielt, das zu gebrauchen mehr als eine äußere Sachkenntnis erfordert."[5]

So stehen wir in dem neuen Michael-Zeitalter vor gewaltigen Aufgaben, die innere, seelische Hingabe erfordern neben einem klaren Denken. Der Schlüssel liegt in der Aufgabe, schöpferisches, das heißt, spirituelles Denken, zu entfalten. Wir müssen von dem oberflächlichen Denken zur Tiefe vorstoßen, wie es Goethe so meisterlich verstand. Im Folgenden sollen Wege aufgesucht werden, zu diesem Denken zu kommen.

---

[5] ebenda

Im Niedergang den Aufstieg finden

Die Menschheit wächst heute immer mehr zu einer Einheit zusammen. Das ist einmal durch das technische Zeitalter bedingt, in dem wir stehen, zum anderen ist es aber die „Schicksalsstunde", zu der wir erwacht sind durch den Tiefgang in diesem so erschütternden 20. Jahrhundert mit den beiden Weltkriegen, in denen 120 Millionen Menschen ihr Leben verloren oder verletzt wurden.

Aber es gibt weltweit noch eine ungeheuere Entfremdung zwischen den Völkern, die sicher mehrfache Gründe hat. Die Kolonialherrschaft hat zwar aufgehört, aber die dritte Welt wird mehr denn je ausgebeutet. Die Kluft in der Welt zwischen arm und reich wird – so scheint es – immer noch größer! Was liegt näher, als e c h t e kulturelle Arbeit, ein Aufeinanderzugehen auf der Basis des M e n s c h l i c h e n. Worte und Staatsbesuche schaffen es nicht. Die Liebe zum Volkstum eines anderen wird ganz andere Wege gehen müssen, klein beginnend.

Welche kulturelle Vergangenheit liegt hinter jedem einzelnen! Doch da wir die eigene verloren haben, wie wollen wir sie bei anderen Volksgruppen entdecken?

Die Menschenrechte zum Beispiel – welche Rechte? Für welche Menschen?

Der Kampf gegen sich selbst, gegen die Trägheit, die Gleichgültigkeit, die Bequemlichkeit – nur da können wir beginnen, dafür kämpfen, sich selbst zu entwickeln, zu lernen, zu wissen.

„Was bedeutet dir das Leben?"

„Das Leben? Freiheit!"

„Was ist Freiheit?"

Die Individualität des Einzelnen steht zwischen uns, immer, wo wir uns auch aufhalten mögen. Und sie fordert geachtet zu werden. Jeder muß s e i n Leben leben! Das ist schwer in der Praxis.

Eine unendliche Kleinarbeit wird einsetzen müssen mit der Liebe zum scheinbar Unbedeutenden! Sollten wir nicht ein wenig die

Welt im Großen auch in unserem kleinen Alltag anwesend sein lassen?

Aber wie ist das ohne Religion möglich?

Wir sind Ungläubige geworden – glauben allenfalls an den Sieg unserer westlichen Zivilisation in der Welt von morgen!

Der protestantische Theologe H. R. Müller-Schwefe schrieb einmal:

„Wir stehen heute in der Zeit einer noch niemals dagewesenen Gottesfinsternis. Wenn auch die überkommenen religiösen Glaubensgemeinschaften noch weiter bestehen, so sind sie in Wahrheit doch ebenso gleichsam zu Museumsstücken und Denkmälern geworden, wie es architektonisch die mittelalterlichen Dome heute sind, die sich in einzelnen unserer Städte noch erhalten ..."

Unendliches Leid, Unruhe und Ängste beherrschen das Leben vieler Zeitgenossen. Eine der Hauptursachen mag der Verlust an religiöser Tragkraft sein.

Welche Welt schenkt uns die Religion? Sicherlich können es einige Worte nicht zum Ausdruck bringen. Der „innere Himmel" ist die Heimat des religiösen Menschen. Alles Individuelle ist darin geborgen. Ob Christ oder Moslem – immer ist es das gleiche Phänomen. Und nur darin werden wir uns verstehen, werden uns in einem höheren Sinne als Völker näherkommen!

Aber wie weit sind wir davon entfernt!

„Die Not lehrt beten." Müssen wir wieder in Not-Zeiten eintreten aus einer weisen Weltenlenkung heraus, damit wir als Menschheit unseren Auftrag erfüllen? Kürzlich konnte man lesen, daß nach einer umfassenden Umfrage doch noch über 50 % der Bevölkerung in den USA an die Macht des Gebetes glauben! Das klingt zunächst unwahrscheinlich, gibt aber zu denken! Ich meine, daß wir in einer Welt leben, wo sich die größten Gegensätze vereinen wollen, und wo wir sehr oft gezwungen sind, aus dem Moment heraus die richtige Entscheidung zu treffen.

Es gibt keine Rezepte oder gesicherte Zukunftsprognosen. Den richtigen Ansatz zu finden, um zu bestehen, das wird Sache jedes einzelnen bleiben!

Aber es gibt doch eines, das uns alle zutiefst verbindet: das ist die *Sorge* um die Zukunft! Und diese können wir nicht konkret genug anschauen. Es geht ja um nichts Geringes, es geht um das Fortbestehen der ganzen Menschheit!

Hören wir die Stimme eines Amerikaners, des Kulturphilosophen Lewis Mumford:

Im Schlußkapitel seines Buches charakterisiert Mumford die Zukunftsaufgabe der Menschheit. Er erblickt diese darin, eine „Weltkultur" auszubilden, denn durch das Zusammenwachsen aller Teile der Menschheit, das sich heute vollzieht, und den dadurch für sie entstehenden Zwang miteinander zu leben, ist diese zur einzigen Bedingung ihres Überlebens geworden. Die Ausbildung dieser Weltkultur hat aber zur wichtigsten Voraussetzung *„ein neues Selbst zu schaffen, das fähig ist, die Kräfte zu bändigen, die jetzt so ziellos und doch so zwingend am Werke sind. Dieses Selbst wird in sein großes Werk die ganze Welt einbeziehen .... Mit anderen Worten, der Augenblick für eine neue große historische Verwandlung des Menschen ist gekommen ... Die politische Einigung der Menschheit kann realistisch nur gedacht werden als ein Teil dieser Aufgabe der Selbstverwandlung des Menschen, ohne dieses Endziel mögen wir höchstens ein unsicheres Gleichgewicht der Kräfte und ein vorübergehendes Nachlassen der Spannungen erreichen, doch keine entscheidende Förderung der Entwicklung."*[6]

Und weiter heißt es: *„Mit dieser Entwicklung zu einer Weltkultur scheint eine andere Entwicklung parallel zu laufen, die sich innerhalb der menschlichen Persönlichkeit vollzieht, eine Entwicklung in Richtung auf Ganzheit und Gleichgewicht. In dieser Neuorientierung der Person werden Elemente des menschlichen Organismus, die seit langem unterdrückt waren, wieder ans Licht gebracht, anerkannt und neu bewertet und neu ausgerichtet. Die*

---

[6] Lewis Mumford: Die Verwandlungen des Menschen, S. 161

Ausbildung der Fähigkeit, das eigene Selbst in seiner Ganzheit zu erkennen und jeden seiner Teile einer einheitlichen Entwicklung unterzuordnen, muß sowohl Gegenstand der objektiven Wissenschaft als auch Anliegen der subjektiven Selbsterkenntnis sein... Die Beziehungen zwischen der Weltkultur und dem geeinten Selbst sind wechselseitig. Die einzige Möglichkeit eine neue Weltordnung mit anderen Mitteln als durch totalitäre Versklavung und Automatisierung zu erreichen, ist die Schaffung einer möglichst großen Anzahl von ganzheitlichen Persönlichkeiten, die mit jedem Teil ihres Selbst und ebenso mit der ganzen Menschenfamilie in ihrer reichen Mannigfaltigkeit vertraut sind ... Nur die Idee des ganzen Menschen, der sich des Ganzen bewußt ist, wird allen Persönlichkeitstypen, allen Kulturformen und allen menschlichen Möglichkeiten gerecht. Und nur mit dem Leitbild eines solchen Menschen ist eine Höherentwicklung der Menschheit, wie sie bis jetzt noch von keiner Kultur auch nur annähernd erreicht wurde, möglich."

Er fügt hinzu, *„daß E r z i e h u n g Hauptgeschäft des Lebens sein muß. Indem sie den Menschen durch diese Selbstverwandlung auf eine höhere Ebene hebt, wird die Weltkultur vielleicht Quellen geistiger Energien freilegen und neue Möglichkeiten eröffnen, die im heutigen menschlichen Selbst noch ebensowenig sichtbar sind, wie es das Radium vor hundert Jahren in der physikalischen Welt war, obwohl es immer existiert hatte."*

In dem Buch: „Das Gesetz der Evolution und die Zukunft der Menschheit." von H. E. Lauer finden wir folgende Passagen. In dem Abschnitt: „Der Grundcharakter der Menschheitszukunft" schreibt Lauer von den Aufgaben des Christentums unter anderem: *„Auch die moderne westliche Welt verehrt, trotz ihres Atheismus, e i n e d r e i e i n i g e G o t t h e i t . Nur ist dies gewissermaßen eine Anti-Gottheit. Es ist die M a t e r i e . Und die drei Aspekte, in denen sie erscheint, repräsentieren N a t u r w i s s e n s c h a f t , T e c h n i k und W i r t s c h a f t . Es wäre nicht schwer, die Verwandlungen aufzuweisen, die von der christlichen Trinität zu der heute angebeteten Drei-Einheit hin stattgefunden haben. Anstelle der Verehrung der Welt ist die Lehre der modernen*

Naturwissenschaft von der toten Materie getreten, die durch Evolution sich zur heutigen Gestalt der Welt geformt hat. Die mosaische Schöpfungslegende wurde durch Haeckels «Natürliche Schöpfungsgeschichte» abgelöst. An die Stelle der Wundertaten des menschgewordenen Gottessohnes sind die Wunder der T e c h n i k getreten, in welcher der Mensch sich zum Gott erhoben hat. Und dem, was einstmals für die Christenheit die Inspiration durch den Heiligen Geist bedeutete, entspricht für die moderne westliche Welt ihre Führung durch den G e i s t   d e r   W i r t s c h a f t, durch den Gott Mammon.

Die künftige Weltschau wird eine anthropozentrische sein. In ihrem Mittelpunkt wird der Mensch stehen als das d r e i e i n - h e i t l i c h e Wesen. Durch seine Dreigliederung als Leib, Seele und Geist wird er als Repräsentant des dreigliedrigen Weltganzen dastehen, das er in sich umfaßt. Und durch seinen Wesenskern, der immer wieder dessen verschiedene Sphären durchwandert, verbindet er das Weltganze zur Einheit. Aus diesem Bilde des M e n s c h e n wird der Menschheit zugleich in neuer Gestalt die göttliche Trinität von Vater, Sohn und Heiligem Geist entgegenleuchten. Ja, nur aus ihm heraus kann diese für die Zukunft zu einem neuen Leben auferstehen. Und damit wird zugleich das C h r i s t e n t u m , e i n e v e r w a n d e l t e N e u g e b u r t erfahren. Gleichzeitig wird dadurch aber auch die Trinität von Naturwissenschaft, Technik und Wirtschaft sich in eine neue Gestalt verwandeln.

In seinem L e i b e wird der Mensch sowohl die Schöpferwirksamkeit des Vaters wie die Evolution des Materiellen entdecken. Und damit wird sich ihm erst das eigentliche Wesensgeheimnis der Entstehung und Entwicklung seiner Leiblichkeit enthüllen.

In seiner S e e l e , die zum Mittler zwischen der göttlichen und der natürlichen Welt wurde, wird der Mensch die Kraft des göttlichen Mittlers, des Sohnes, als die Quelle auffinden, aus der ihr die Fähigkeit zu diesem Mittlertum erfließt. Und in der Bildung der Seele zu jener ganzheitlichen, in sich harmonisierten Gestaltung, welche diese Quelle zum Fließen bringt, wird der Mensch zur heutigen äußeren Technik eine innere Technik der Selbsterziehung hinzufügen.

In seinem G e i s t e schließlich wird der Mensch des H e i l i g e n G e i s t e s innewerden und damit die Kraft, die ihn dazu befähigt, innerhalb der zur Weltwirtschaft gewordenen Wirtschaft des Egoismus, der zum Krieg aller gegen alle führt, zu überwinden und eine brüderliche Menschheitsgemeinschaft zu begründen, die von jenem Altruismus beseelt ist, den die heutige Wirtschaft durch ihre weltwirtschaftliche Struktur selbst fordert."[7]

Wir sehen in diesen Sätzen etwas verwirklicht, das wie ein erhabenes Ideal vor uns stehen mag: eine Menschheit in ferner Zukunft! Aber wir fühlen auch: ja, diese Zukunft hat heute begonnen! Schwarz-weiß gezeichnet ist unsere gegenwärtige Zeit, im Bild des Schreckens und doch auch der Hoffnung. Niemand darf uns diese nehmen. In der starken Verbindung zum Christentum werden wir Wege der Überwindung suchen!

Wie beschreibt die Jugend unsere geistige Gegenwart? *„Wir kommunizieren mit der ganzen Welt, aber verstehen uns doch nicht. Eine Gesellschaft existiert nicht mehr. Ich kann verstehen, daß sich die Alten nicht wohl fühlen, aber sie sind so inaktiv, verwirrt, unsicher, sie wissen nicht, was sie wollen, und aus Angst vor Entwicklung sehnen sie sich nach Ordnung, System, nach allgemeingültigen Idealen, nach der Vergangenheit. Sie können unser Denken und das Phänomen der sich jetzt entwickelnden Menschen nicht begreifen, sie machen sich aber auch keine Gedanken darüber. Unsere Denkarten sind zu verschieden, um uns austauschen zu können. Sie hinterlassen uns Müll, geistigen wie materiellen, und wir müssen ihn verarbeiten. Uns bleibt keine andere Möglichkeit, als diese Aufgabe anzunehmen. Wir müssen etwas Neues schaffen, um nicht zu ersticken."*[8]

---

[7] Hans Erhard Lauer: Das Gesetz der Evolution und die Zukunft des Menschen, Stuttgart
[8] Damals im Jahre 2000..., Dornach 1997, S. 88

Diese Sätze schreiben zwei noch nicht Zwanzigjährige! Sätze, die einen Abgrund vor uns auftun. Ist so unsere Gegenwart oder doch anders?
Weit krasser noch wird es sicherlich anderswo geschrieben. Nach dem Hochflug nach Idealbildern werden wir zur Wirklichkeit zurückverwiesen. Die Gegenwart ist grausam realistisch – aber sie ist w a h r.
Trotzdem sehen die Menschen zufrieden aus, die wir antreffen. Warum grübeln über etwas, worauf es keine Antwort geben kann? So denken viele. Doch das ist nicht die Wahrheit, gewiß nicht!
Unsere Zeit will die Konfrontation, sie will die Verneinung! Das ist oft hart. Daneben stehen die unglaublichsten Fortschritte durch Eigeninitiative. Wir werden im einzelnen darüber berichten. Es gibt keine Konvention mehr, die irgend etwas verbietet. A l l e s ist erlaubt! Wahllos wird veröffentlicht, ob es zueinander paßt oder nicht. Und diese Zusammenhanglosigkeit ohne Verbindlichkeit ist es, die jede Stellungnahme so schwer macht. Man könnte auch mit Goethe sagen: „Fehlt leider nur das geistige Band".

Aber ein großer Wandel der Anschauungen ist unverkennbar. Mit fast jedem Jahr kommen neue Perspektiven auf, natürlich auch solche, die haargenau an der Wahrheit vorbeigehen. Die Zeit ist im Aufbruch! Maßstäbe, um etwas einzuordnen, fehlen. Für diese neue Dimension gibt es keine solchen. Jugend und Alter klaffen, wie wir sahen, weit auseinander.
Fragen, wie es weiter gehen soll, hängen völlig in der Luft, sind überflüssig! Ein schlafender Wille scheint geweckt, kämpft sich zum Leben des Tages durch. Keiner kann es genau erkennen, was sich bewegt, was es auslösen wird! Nur eines gilt: Das Vergangene hat ausgedient, ist weggewischt durch ein neues Bewußtsein, begleitet von einem noch nie dagewesenen Werdestrom.
Aber eines sollte uns alle gleichermaßen interessieren, die Frage: Wie konnte es zu diesem großen Wandel innerhalb der Menschheit am Ende dieses Jahrtausends kommen? Sicherlich, ein Vergangenes ging zu Ende, trug nichts Zukünftiges mehr in seinem Schoße und eine neue große Bewegung setzte ein. Wir

stehen in einem apokalyptischen Zeitalter. Das empfinden sehr viele Menschen.

Das Ich des Menschen ist in eine Phase seiner Entwicklung eingetreten, die nach Entscheidung drängt. Es geht um das Ergreifen seiner Erdenaufgabe.

Friedrich Rittelmeyer schreibt in seinem „Vaterunser": *„Die Deutschen sind von alters her das Ich-Volk gewesen. Unter den Deutschen haben sich die Ich-Menschen in aller Wesenstreue und Eigenwilligkeit ausgelebt. Das Ich aber, wenn es sich erst selbst gefunden hat, drängt zum «Wir». Es sucht das Ich über dem Ich, das Über-Ich, in dem das kleine Ich sich mit einem noch größerem Leben erfüllt. Dies ist die Sehnsucht nach dem «Reich».*

Wiederum: Das Ich sucht immer eine Welt, an der es sich offenbaren, durch die es sich ausdrücken und darleben kann. Auch dies ist eine Sehnsucht nach dem Reich. Die Sehnsucht nach unten, wie die erste Sehnsucht des Ich die Sehnsucht nach oben ist.

Je mehr man die Sehnsucht in der Tiefe versteht, je mehr man erkennt, wie sie im innersten Grund die Sehnsucht ist nach dem Christus-Ich und nach dem Christus-Reich um so besser dient man auch dem Augenblick und seinen Aufgaben. Der äußere Staat kann nie vollkommen sein, aber aus dem Inneren kann immer neue Vollkommenheit in ihn einströmen ... Wer für das Gottesreich kämpft, kann wissen, daß er für das einzige Reich kämpft, dessen Sieg am Ende der Weltgeschichte endgültig sicher ist.

Mag diese Erde sich durch Jahrtausende und aber Jahrtausende weiterentwickeln, mag sie durch gewaltige Erschütterungen und Vernichtungen hindurchgehen, mag sie die gefährlichsten Kämpfe zwischen Gut und Böse erleben – eines ist gewiß: Gott siegt!"

Vielleicht können wir diese Worte eines großen Theologen im Hintergrund haben, wissend, was uns begleitet und beschenken will. Die Maske des Bösen fällt, sobald die Hand Christi spürbar wird. Darum geht es. Im tiefsten Herzensgrunde lebt das Religiöse von Urzeiten an. Es ist der Goldgrund, auf dem wir bauen dürfen. Wenn wir in unserer Zeit diese verborgene Welt wie verschüttet glauben – die Jugend wird es uns sagen, daß das nicht stimmt!

Wir sollen allerdings an der Kehrseite der Dinge zu uns selbst erwachen. Das ist der notwendige Prozeß, in dem wir stehen.

All das, was heute zu diesem Thema gesagt wird, berücksichtigt meines Erachtens nach zu wenig, daß im Religiösen andere Gesetze walten. Gerade dann, wenn es auf die Unter-Natur zugeht, will Christus uns als Helfer nahe sein. Das müssen wir uns täglich aufs Neue sagen. In dem Wörtchen „Ich" sind die Initialen Christi anwesend! Es gibt keinen Niedergang, in dem nicht auch ein Aufgang lebt. Die Schuld ist groß, aber es gibt den Überwinder! Allein können wir nichts tun.

Wir leben in einem **Organismus**, der Mensch, Erde und Welt umspannt. Die einzelnen Glieder dieses Organismus wirken in- und miteinander. Das immer mehr zu durchschauen, zu empfinden, ist uns als Aufgabe gestellt.

Auch das Alltägliche vermag von einem solchen Gesichtspunkt aus berührt zu werden. Tag und Nacht sind in ihren Rhythmen die große Schule für ein neues Anschauen der Dinge.

Im Miteinanderleben erfahren wir etwas von der Wirklichkeit einer Welt, die uns trägt.

Im Ich-Erleben leuchtet ein Geheimnis auf, das nur wenigen begnadeten Menschen bisher zuteil wurde.

Teilhard de Chardin ist einer von diesen. Er schreibt in den Jahren 1914-19 an seine Cousine: *„Niemals die Waffen strecken. Es auf einer anderen Ebene versuchen, auf der wahreren, auf der, wo der Erfolg nicht an der individuellen Entfaltung gemessen wird, sondern an der Treue im Bemühen, die Welt um uns weniger hart und mehr menschlich zu machen ... Man muß dazu kommen, den wesentlichen Sinn für das Leben und Handeln zu bewahren und dabei endgültig darauf zu verzichten, selber glücklich zu werden.*

Um das erkennen und danach leben zu können, muß man eine Art Schwelle überschreiten oder gewissermaßen sich von dem abwenden, was die allgemeine Gewohnheit der Menschen ist. Ist dieser Schritt einmal getan, dann gewinnt man die Freiheit für die Arbeit und für die Liebe! Ich habe es wiederholt gesagt: mein Le-

ben ist jetzt ganz ergriffen von dieser «Unvoreingenommenheit», die ich in Bezug auf meine Person größer werden fühle, während gleichzeitig der tiefere Sinn für alles, was im Hintergrunde des Wirklichen wirklich ist, weiterwächst."[9]

Es ist unendlich ergreifend in unserer Zeit, diese Stimme zu hören, sind wir doch alle Wanderer nach dem gleichen Ziel: *„Der Augenblick scheint mir gekommen, wo die Menschen, wenn sie sich jemals verstehen sollen, sich in einem Punkt verstehen werden, der sich als Bruch, Widerspruch oder Erneuerung einer Masse von Konventionen und Vorurteilen zeigt, die einen toten Panzer auf uns bilden. Wir alle brauchen in diesem Augenblick etwas anderes. Du weißt, daß diese Haltung für mich nichts Antichristliches hat, im Gegenteil. Für mich ist sie der Ruf nach dem unersetzlichen Offenbarwerden eines größeren Christus."*

Kurz vor seinem Tode bekennt Teilhard de Chardin:

„Im Verlauf meines Lebens hat sich die Welt nach und nach entzündet, geriet in Brand, bis sie ganz leuchtend wurde vor meinen Augen, von innen her ... Die Diapshanie (Durchscheinen) des Göttlichen, so wie ich sie im Kontakt der Erde experimentiert habe: Christus ... sein Herz. Ein Feuer, das die Kraft hat, alles zu durchdringen, und das nach und nach sich überall ausbreitet."

Hier spricht ein Mensch, der den Mut hat, die Welt als Ganzes vom Aspekt des Christlichen her zu durchdenken. *„Seit zweitausend Jahren hat die Erde vielleicht nie dringender einen neuen Glauben gebraucht, war sie nicht freier von den alten Formen, um ihn aufzunehmen. Jetzt oder nie muß das Christentum sich zeigen mit allen seinen Erneuerungskräften:*

Gott, Christus, der zum Brennpunkt nicht nur des individuellen und «übernatürlichen», sondern auch des Kollektiven, und irdischen Heils wird, und als Folge ein neuer Begriff der Nächstenliebe (die mit dem Sinn der Erde eng verbunden ist und ihn rechtfertigt). All das ist zusammengefaßt und verwirklicht im Antlitz des universalen Christus."[10]

---

[9] Teilhard de Chardin: Geheimnis und Verheißung der Erde
[10] Teilhard de Chardin: Pilger der Zukunft

Wir stehen vor einer neuen Dimension menschlichen Wirkens hier auf unserer Erde – als Notwendigkeit! Und doch, wie entsetzlich klein sind noch die Anfänge, wie schwach ist unser Bemühen! Davon dürfen wir aber nicht ausgehen, wenn wir in die Zukunft blicken, sonst müßten wir resignieren. Es gilt, sich einen sehr weiten Überblick zu erarbeiten, wie ihn die Anthroposophie gibt, um weiterzukommen.

Rudolf Steiner sagte einmal in einem bestimmten Zusammenhang: *„Die Weltenuhr steht günstig für dieses Zeitalter. Das darf keinen Fatalismus begründen. Das darf nicht begründen, daß man sagt: Also überlassen wir uns dem Weltgeschick, es wird schon alles gut werden –, sondern das soll begründen, daß, wenn der Mensch will – aber er muß wollen –, er gerade in unserer Zeit unendliche Möglichkeiten findet. Nur wollen die Menschen vorläufig noch nicht.*

Aber unbegründet ist es immer, zu sagen: Ja, was vermag ich selber? Die Welt geht ihren Gang! Gewiß, so wie wir hier sind, – die Welt hört heute nicht viel auf uns. Aber auf etwas anderes kommt es an. Es kommt darauf an, daß wir nicht so sagen sollen, wie die Menschen vor dreiunddreißig Jahren gesagt haben, als sie sich zunächst bei sich selbst um nichts gekümmert haben! Dadurch sind die Dinge so geworden, wie sie jetzt sind. Für unsere Zeit kommt es darauf an, daß jeder bei sich selbst damit anfängt, aus der Abstraktion herauszutreten zu wollen, die Wirklichkeitsfremdheit abzulegen und so weiter; und daß jeder bei sich selbst versucht, an das Wirkliche heranzukommen, über Abstraktionen hinweg zu gelangen.

Man muß von so weitliegenden Begriffen herkommen, wenn man das Wichtige entwickeln will, was uns eben jetzt in diesen Tagen dann beschäftigen wird: Auseinandersetzungen über, ich möchte sagen, das Älterwerden des Menschen, das ebenso Dem-Tode-Entgegengehen wie Aus-der-Geburt-Stammen, Aus-der-Geburt-Kommen ... Der größte Teil der Menschheit verschläft diese heutige Zeit und fühlt sich dabei sehr sehr wohl; denn er zimmert sich Begriffe und bleibt bei diesen Begriffen stehen, will nicht Aufmerksamkeit entwickeln. Hinschauen auf die Zusammenhänge des Lebens, das ist es, worauf es ankommt. Und die schweren Jahre, in denen wir leben, die sollen uns vor allen Dingen das beibringen, daß wir wegkommen von dem, was so lange Zeit hindurch die menschliche Kultur so verweichlicht hat: die Aufmerksamslosigkeit, das Nichtvorhandensein des Willens- und auf die Verhältnisse der Welt hinschauen. Es genügt nicht bloß so hinzuhuschen über die Dinge."[11]

---

[11] Rudolf Steiner: Vom Lebenslauf des Menschen, Themen aus dem Gesamtwerk

Naturwissenschaft und Religion

Dieser nachfolgende Text ist etwas ganz Außergewöhnliches, von welcher Seite aus man ihn auch anschauen mag. Die Zeit beschreitet ungewöhnliche Wege, geht es doch letzten Endes darum, das enge Netz toter Vorstellungen zu durchbrechen.

Wir stehen vor einer Welt ohne Gott, was man natürlich nicht verallgemeinern kann – aber es entspricht der naturwissenschaftlichen Denkweise.

So mag dieser „Versuch" mehr bedeuten für die Welt als es zunächst scheinen mag. Er wurde abgedruckt in der Zeitschrift „Natur und Medizin".[12]

Nobelpreisträger Prof. Dr. med. Alexis Garrel nannte das Gebet einmal die machtvollste Form der Energie, eine Kraft, so wirklich wie die Schwerkraft der Erde.

Nun hat ein Naturforscher von Ruf, der amerikanische Gelehrte Dr. N. J. Stowell, durch eine Entdeckung diese Kraft des Gebetes gemessen. Doch hören wir die Schilderung mit seinen eigenen Worten:

„Ich war ein zynischer Atheist, der glaubte, daß Gott nichts anderes sei, als eine Gedankenvorstellung der Menschen. An ein lebendiges göttliches Wesen, das uns alle liebt und das über uns Macht besitzt, vermochte ich nicht zu glauben.

Eines Tages arbeitete ich in dem großen pathologischen Laboratorium einer Klinik. Ich war mit der Aufgabe beschäftigt, die Wellenlänge und die Stärke der menschlichen Hirnstrahlung zu messen. So einigte ich mich mit meinen Mitarbeitern auf ein heikles Experiment. Wir wollten untersuchen, was bei dem Übergang aus dem Leben in den Tod innerhalb des menschlichen Gehirns vor sich geht. Zu diesem Zweck hatten wir uns eine Frau gewählt, die an Tod bringendem Gehirnkrebs litt. Die Frau war geistig und seelisch völlig normal. Allgemein auffallend trat ihre liebenswürdige Heiterkeit zu Tage. Doch körperlich stand es um so schlimmer mit ihr. Wir wußten, daß sie im Sterben lag, und sie

---

[12] Herausgeberin Veronika Carstens

wußte es auch. Wir hatten davon Kenntnis genommen, daß es sich um eine Frau handelte, die im Glauben an den persönlichen Erlöser Jesus Christus gelebt hatte.

Kurz vor dem Tod stellten wir einen hochempfindlichen Aufnahmeapparat in ihr Zimmer. Dieses Gerät sollte uns anzeigen, was sich in ihrem Gehirn während der letzten Minuten abspielen würde. Über dem Bett brachten wir zusätzlich ein winziges Mikrofon an, damit wir hören konnten, was sie spräche, falls sie überhaupt noch ein Lebenszeichen von sich geben würde.

Inzwischen begaben wir uns in den angrenzenden Nebenraum. Wir zählten fünf nüchterne Wissenschaftler, von denen ich wohl der nüchternste und verhärteste war. Abwartend und von innerer Spannung erfaßt, standen wir vor unseren Instrumenten. Der Zeiger stand auf 0 und konnte bis zu 500 Grad nach rechts positiver Wertung und 500 Grad nach links in negativer Wertung ausschlagen. Einige Zeit vorher hatten wir unter Zuhilfenahme des gleichen Apparates die Sendung einer Rundfunkstation gemessen, deren Programm mit einer Stärke von 50 Kilowatt in den Äther strahlte. Es handelte sich dabei um eine Botschaft, die rund um den Erdball getragen werden sollte. Bei diesem Versuch stellten wir einen Wert von 9 Grad positiver Messung fest.

Der letzte Augenblick der Kranken schien herbeigekommen. Plötzlich hörten wir, wie sie zu beten und Gott zu preisen begann. Sie bat Gott, all den Menschen zu vergeben, die ihr in ihrem Leben Unrecht getan hatten. Dann verlieh sie ihrem festen Glauben an Gott Ausdruck mit den Worten: «Ich weiß, daß du die einzige zuverlässige Kraftquelle aller deiner Geschöpfe bist und bleiben wirst.» Sie dankte ihm für seine Kraft, mit der er sie ein Leben lang getragen hatte und für die Gewißheit, Jesu Eigentum sein zu dürfen. Sie bekundete ihm, daß ihre Liebe zu ihm trotz allem Leid nicht wankend geworden sei. Und im Hinblick auf die Vergebung ihrer Sünden durch das Blut Jesu klang aus ihren Worten eine unbeschreibliche Wonne. Sie brach schließlich in Freude darüber aus, daß sie bald ihren Erlöser werde schauen dürfen.

Erschüttert standen wir um unser Gerät. Längst hatten wir vergessen, was wir eigentlich hatten untersuchen wollen. Einer schaute den anderen an, ohne daß wir uns unserer Tränen schämten Ich war derart gepackt von dem Gehörten; daß ich weinen mußte, wie seit meiner Kindheit nicht mehr. Plötzlich, während die Frau noch weiter betete, hörten wir einen klickenden Ton an unserem Instrument. Als wir hinüberblickten, sahen wir den Zeiger bei 500 Grad positiv anschlagen und immer wieder gegen die Abgrenzung wippend.

Unsere Gedanken jagten sich. Jetzt hatten wir durch technische Messungen erstmals eine ungeheuerliche Entdeckung gemacht: Das Gehirn einer sterbenden Frau, die mit Gott in Verbindung stand, entwickelte eine Kraft, die 55 mal stärker war als jene weltweite Ausstrahlung der Rundfunkbotschaft.

Um unsere Beobachtungen weiterzuführen, einigten wir uns wenig später auf einen neuen Versuch. Nachdem wir unsere Geräte aufgebaut hatten, baten wir eine Schwester, einen anderen Kranken in irgendeiner Form zu reizen. Der Mann reagierte darauf mit Schimpfen und Fluchen. Ja, nicht genug, er mißbrauchte sogar den Namen Gottes auf lästerliche Art. Und wieder klickte es an unserer Apparatur. Wie waren wir bewegt, als wir feststellen mußten, daß sich der Zeiger auf 500 Grad negativ befand und am Abgrenzungspfahl aufgeschlagen war. Damit standen wir am Ziel unserer Entdeckung. Es war uns gelungen, auf wissenschaftlichem Wege die positive wie auch die negative Kraft des Widerwirkers einwandfrei zu beweisen. In jenem Augenblick begann meine atheistische Weltanschauung abzubrechen und die Lächerlichkeit meines Glaubens wurde mir klar

Wer von uns hätte eine solche meßbare Kraft, die von unseren Gedanken ausgeht, vermutet? Und zwar nicht nur im Sterben, sondern auch im Leben. In jedem Augenblick und nicht nur, wenn wir sprechen, sondern auch wenn wir «nur» denken. Welch eine Verantwortung! Und wohin geht diese überschüssige Kraft, die weit mehr vermag als nur um den Erdball zu kreisen? In den Kosmos? Und was soll sie da? Fragen über Fragen, deren Antworten wir nur vermuten können.

Aber eines scheint mir sicher zu sein, daß wir mit den Kräften unserer Gedanken in jedem Augenblick am Schicksal der Welt mitwirken und damit an der Zukunft von uns und unseren Kindern. Etwas sehr Schönes sagt dieses Experiment ebenfalls aus: Daß nämlich auch der Schwache und Kranke, der sich oft so nutzlos fühlt, eine höchst wichtige Aufgabe hat, die er vielleicht meisterlicher beherrscht als manch großer Politiker, nämlich die Welt durch sein Beten auf besseren Kurs zu bringen. Das ist mehr als die Aktivsten der Aktiven je zu schaffen vermögen. Oder die Hausfrau und Mutter, die sich gezwungenermaßen mit lauter von der Gesellschaft als langweilig angesehenen Kleinigkeiten befassen muß. Hat sie nicht gerade beim Kartoffelschälen, Putzen und Nähen Gelegenheit für die Verantwortlichen im Land, für die Einflußreichsten der Medien, für die Arbeitslosen, für die verlassenen Kinder, für die gequälten Tiere und vieles andere zu beten? Kein Gedanke, kein Gebet geht verloren. Seine Kraft kreist um die Erde und verändert sie. Welch eine Aufgabe stellt sich uns!

Aber der zweite Teil der Geschichte ist ebenso wichtig, zeigt er doch, wie gefährlich die sogenannten negativen Gedanken sind. Denn auch sie sind Kräfte, die sich ausbreiten. Mit dieser Dualität müssen wir leben. In jeder Minute, bei jeder Entscheidung, im Großen wie im Kleinen – haben wir die Wahl und verändern so oder so die Welt

Gott, der Schöpfer des Kosmos, hat es offenbar so gewollt, daß auch sein Gegner eine gewisse Macht hat. Dem Menschen schenkte er die Freiheit der Entscheidung: Wie oft wir dabei versagen, muß sich jeder von uns leider eingestehen.

Weihnachten machte uns deutlich, daß Gott uns in diesem Dilemma helfen will durch einen Fürsprecher, der uns schon vor 2000 Jahren sagte, daß es keine größere Macht als die Liebe gibt. Und weil diese von Gott ist, wird sie immer stärker sein als sein Gegner – wenn es auch vordergründig manchmal anders aussieht. Aber eben nur vordergründig."[13]

Man wird diese Aussage sicherlich nicht leichten Herzens hinnehmen, bedeutet sie doch einen Eingriff in die Würde des Men-

---

[13] entnommen aus dem Buch von Wilhelm Otto Roesermoeller: Hilfe aus dem Jenseits; was das Gebet vermag. Ärztliche Berichte und Zeugnisse über plötzliche Heilungen ... durch Kräfte des Gebets, Karl Rohm-Verlag, Bietigheim

schen. Dennoch spricht ein solches Phänomen für sich; es zeigt, wie nah unter Umständen die moderne Wissenschaft sich an Grenzen bewegt, für die sie als solche im Grunde „kein Organ" haben kann.

In dem Buch von Werner Heisenberg, dem bekannten Physiker: „Der Teil und das Ganze, – Gespräche im Umkreis der Atomphysik"[14] findet sich ein Kapitel: Erste Gespräche über das Verhältnis von Naturwissenschaft und Religion (1927). Im Verlauf dieser Gespräche kommt man auf Max Planck zu sprechen und seine Einstellung zur Religion. Es heißt, daß dieser keine Schwierigkeit habe beide zu verbinden, da *„die Naturwissenschaft von der objektiven materiellen Welt handele, die Religion aber von der Welt der Werte ... Die Naturwissenschaft ist gewissermaßen die Art, wie wir der objektiven Seite der Wirklichkeit gegenübertreten. Der religiöse Glaube ist umgekehrt der Ausdruck einer subjektiven Entscheidung, mit der wir für uns die Werte setzen, nach denen wir unser Handeln im Leben richten. Max Planck hat diese Freiheit ausgenutzt und sich eindeutig für die christliche Tradition entschieden. So erscheinen bei ihm die beiden Bereiche, die objektive und die subjektive Seite der Welt, bei ihm fein säuberlich getrennt – aber ich muß gestehen, daß mir bei dieser Trennung nicht wohl ist. Ich bezweifle, ob menschliche Gemeinschaften auf die Dauer mit dieser scharfen Spaltung zwischen Wissen und Glauben leben können."* Es heißt weiter: *„Denn Glauben bedeutet für den einfachen Mann ja nicht Für-richtig-Halten, sondern sich der Führung durch diese Werte anvertrauen. Daher entstehen große Gefahren, wenn das neue Wissen, das im Verlauf der Geschichte erworben wird, die alte geistige Form zu sprengen droht. Die vollständige Trennung zwischen Wissen und Glauben ist sicher nur ein Notbehelf für sehr begrenzte Zeit. Im westlichen Kulturkreis zum Beispiel könnte in nicht zu ferner Zukunft der Zeitpunkt kommen, zu dem die Gleichnisse und Bilder der bisherigen Religion auch für das einfache Volk keine Überzeugungs-*

---

[14] München 1973

kraft mehr besitzen; dann wird, so fürchte ich, auch die bisherige Ethik in kürzester Frist zusammenbrechen, und es werden Dinge geschehen von einer Schrecklichkeit, von der wir uns jetzt noch keine Vorstellung machen können ..." „Einsteins Auffassung," so heißt es weiter, *„läge ihm näher. Der liebe Gott, auf den er sich so gern beruft, hat irgendwie mit den unabänderlichen Naturgesetzen zu tun. Einstein hat ein Gefühl für die zentrale Ordnung der Dinge. Er spürt diese Ordnung in der Einfachheit der Naturgesetze. Es gibt für ihn keine Trennung zwischen Wissenschaft und Religion. Die zentrale Ordnung gehört für ihn zum subjektiven ebenso wie zum objektiven Bereich, und das scheint mir ein besserer Ausgangspunkt."* Die Unterhaltung schließt: *„Ich glaube, die Entwicklung der Atomphysik hat uns gelehrt, daß wir subtiler denken müssen als bisher. Natürlich müssen die verschiedenen Betrachtungsweisen schließlich zusammenpassen, das heißt, sie müssen ohne Widersprüche als Tür der gleichen Wirklichkeit gehörig erkannt werden können; aber wie das im einzelnen geschieht, wissen wir einstweilen noch nicht."*

Die hier angeschnittenen Fragen sind sehr tiefgreifender Art, weltumspannend. Schon Thomas von Aquin lebte mit der unaufhörlichen Hoffnung auf die Vereinigung der zwei Sphären: der Sphäre der göttlichen Offenbarung und der der menschlichen Erkenntnis. Erst durch Rudolf Steiner konnte dieser Schritt geschehen. *„Denn die Anthroposophie ist nicht nur eine Weltanschauung, die zugleich auch eine Geistanschauung sein möchte, sondern sie ist eine reale geistige Kraft, die unser Gewissen weckt, unsere Liebe vertieft und vergeistigt, unser Staunen vor der göttlichen Weltenweisheit und unseren Glauben an sie verstärkt."* (R. Steiner)

Der Mensch zwischen Gut und Böse

Es gibt kein Gutes ohne ein Böses hier auf Erden. Dieses ist das bedeutungsschwerste Geheimnis, das wir kennen. Es ist ein Mysterium.

Wir sehen gewaltige Bilder vor uns erstehen, die davon Zeugnis ablegen. An erster Stelle steht das Buch Moses mit dem Sündenfall, der Vertreibung aus dem Paradies. Wir müssen mit dieser Sprache erst umgehen lernen, die weltumspannend ist. Was damals geschah, war ein Ereignis in einem langen Zeitraum. Die Menschheit verlor Schritt für Schritt ihren angestammten Platz und ging in die Vereinzelung, in die Gottesferne. Sie wurde dem Zugriff des Bösen ausgesetzt. Was das bedeutet, können wir in unserer Zeit mit aller Deutlichkeit ablesen – und doch bleibt es ein Rätsel.

Alles, was uns begegnet, scheint ein Doppelantlitz zu tragen, nach zwei Seiten zu schauen. Es verhüllt sein wahres Gesicht. Gutgläubig wenden wir uns dem Unbekannten zu, nicht ahnend, was es birgt. Der Gang der Menschheit ist in ein unergründlich tiefes Rätsel getaucht. Zwei Mächte sind am Werk, die um die Seele des Menschen kämpfen. Doch dahinter steht das Bild Gottes. Vor diesem unerhört großen Eindruck muß alles Kleine schweigen.

Worum es in Wirklichkeit geht, wir können es gar nicht in Worte fassen, weil es Schöpfermächte sind, die zu der Sphäre der Engel gehören. Luzifer ist ein gefallener Engel. Und doch ist es auch unsere Sprache, birgt das Wohl und Wehe des Menschengeschlechtes in sich.

Das Böse will erlöst sein in unserer Welt. Ein Gutes kann sich in Böses wandeln, wenn es an falscher Stelle auftritt! So kompliziert sieht es aus. In tausend Verwicklungen und Verknotungen ist unser Leben eingebettet, und nur durch die Konfrontation dieser beiden Mächte erhält es seinen tiefen Sinn. Wir müssen so und so oft irren, um einmal vielleicht das Licht der Wahrheit zu erblicken. Das ist die Mission des Bösen, gibt ihr den tiefen Sinn im Zusammenhang mit unserem Streben nach der göttlichen Heimat.

Darum ist das Böse im Weltenplan zugelassen. Es steht an einer sehr erhabenen Stelle. Das Leben erweist sich als etwas ganz anderes, als wir es gewohnt sind, anzuschauen. Seine Dimension ist eine sehr hohe! Wie das Licht auf einen Gegenstand fallend, einen Schattenwurf erzeugt, so stehen sich Licht und Finsternis als Gut und Böse gegenüber. Eines bedingt das andere. Dies ist eine Erkenntnis mit der man nicht leicht leben kann. Die Suche nach Wahrheit erweist sich als ein Irrgarten. Wir gehen hundert mal falsche Wege, folgen großen Täuschungen, bis wir zuletzt vielleicht zum Ziele gelangen. Doch es gibt auch Abstürze in unermeßliche Tiefen. Dem Durchschnittsbürger entziehen sich oftmals derartige Blickpunkte. Er weist sie von sich. Doch sind sie die Wirklichkeit. Die Literatur ist voller Beispiele, die alle nur denkbaren Schicksale darstellen. Das Einfachste und Harmloseste kann sich im Nu in etwas höchst Kompliziertes verwandeln und umgekehrt. Das sind die eigentlichen Lebensgeheimnisse! Es gibt keine gradlinige Entwicklung. Nur auf dem Boden solcher Tatsachen werden wir Biographien verstehen!

Nun gibt es auch Zeitenschicksale im Fortgang der Menschheit. Diese erfordern naturgemäß viel größere Blickpunkte. Wir betreten eine andere Ebene. Die Seele des Menschen spiegelt sich im Weltengang, sie ist ein Glied desselben. Über den Menschen geht der Weg in die Zukunft. Unser Jahrhundert in all seiner Schwere ist erstanden aus den Kräften der Vergangenheit und es ragt bereits die Zukunft herein. Was die Menschheit ergreifen sollte im Weltenplan, hat sie versäumt zu tun, wie es Rudolf Steiner beschreibt. Sie konnte die erworbene Freiheit nicht richtig gebrauchen, das ihr Anvertraute nicht im Sinne der höheren Welten weiterführen. Die Menschheit versackte im Unzulänglichen. Das apokalyptische Tier stieg im Jahre 1933 aus den Tiefen auf und trat seine Herrschaft an. Eine tiefe Tragik breitete sich aus, die auch heute noch weiterwirkt. Was geschehen ist, kann mit rein irdischen Maßstäben nicht gemessen werden.

Und nun stehen wir an der Schwelle zu einem neuen Jahrtausend! Der Kampf um den Menschen geht weiter, er nimmt immer neue Formen an, er verwandelt sich. Wir gehen wie Blinde der

Zukunft entgegen, ahnungslos, besessen von dem Rausch der modernen Zivilisation. Aber wir müssen wissen, daß Michael, der Zeitenlenker, in unsere Herzen hereinschaut. Er weiß um unsere Schwäche, die er nicht brauchen kann. Die Zukunft wird seine Sprache sprechen, die unerbittlich streng ist, die keine Halbheiten kennt. Wir hören zwar ein fernes Donnergrollen schon, können es aber nicht einordnen. Mit leeren Händen stehen wir vor einer großen Zukunft. Was von uns erwartet wird, ist der i n n e r e Impuls zum Neubeginn. Der Kampf mit den bösen Mächten ist in eine neue Phase eingetreten. Er tarnt sich hinter der Kulisse des Zivilisationsfortschrittes. Aber er ist da und wird von vielen Menschen wahrgenommen. Daß es die Wirtschaft sein soll, die mit ihren Errungenschaften die Zukunft prägen will, ist ein Rückschritt, fördert die Gegenmächte, die jede Geistigkeit verhindern wollen. Das kann ins weltweite Chaos führen. Es kommt auf etwas ganz anderes an. Rudolf Steiner, der große geistige Führer der Gegenwart, er hat auf das Entscheidende in sehr vielen Vorträgen hingewiesen, auf die wir noch eingehen werden. Der Mensch trägt einen unermeßlichen Reichtum an Erkenntnismöglichkeiten in sich, die er im Grunde nutzen will. Aber es wird ihm verwehrt. Er lernt nicht damit umzugehen. Was brach liegt, das wird aber von den niederziehenden Kräften ergriffen! Das erleben wir täglich. Die Kriminalität der Jugend breitet sich immer stärker aus, weil sie keine wahren Inhalte kennt, im Dunkel dahertappt. Unsere Staatsgebilde, welcher Prägung auch immer, sie sind diesen Gewalten nicht gewachsen. Die Opferkraft der Jugend ist enorm! Der riesenhafte Polizeieinsatz ist eine Farce, denn die Quellen der Auseinandersetzungen liegen auf einem anderen Felde.

So gehen wir einer sehr ungewissen Zukunft entgegen in dem Glauben, irgendwie wird die Vernunft schon siegen! Das ist aber ein großer Irrtum. Die Vernunft, allein gelassen, kann es nicht schaffen. Wir brauchen stärkste W i l l e n s k r ä f t e in unserer Zeit! Das ist der Ruf des Erzengels Michael, der an jeden einzelnen ergeht. Nur die große Breite der Menschheit kann dem Bösen Widerstand leisten, denn dieses will jetzt seine Vormachtstellung antreten.

Wir sind in das Zeitalter eingetreten, wo es bereits um die Endauseinandersetzung geht. Diesem Kampf dürfen wir uns nicht verschließen und meinen, andere werden es schon für mich tun: Nein, jeder ist gleichermaßen aufgerufen. Unsere Kräfte werden wachsen in diesem Kampf.

Rudolf Steiner spricht es einmal so aus:

„Der Mensch wird Luzifer erlösen, wenn er die Christuskraft in der entsprechenden Weise aufnimmt."[15] Michael aber ist der Christusbote. Er appelliert an die Bewußtseinskräfte im Menschen. *„Seine Zeitenführung bringt das Drama der Menschheitsentwicklung nach der einen oder anderen Seite zum Wendepunkt."*[16]

Rudolf Steiner hat diese Situation einmal auf folgende Weise aufgezeichnet:

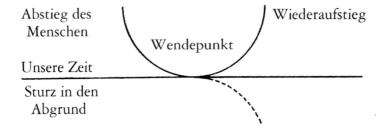

„Michael ist auf den Wegen der Schulung des Denkens zu erreichen. Er waltet in einer Sphäre, die nur durch eine dünne Wand vom Bewußtsein des Menschen getrennt ist." (Carl Unger)

Um den Wiederaufstieg in die Welt des Geistes, die eigentliche Heimat des Menschen zu finden, gibt Rudolf Steiner in seinem Buch „Die Mystik im Aufgange des neuzeitlichen Geisteslebens und ihr Verhältnis zur modernen Weltanschauung" (GA 7, 1901) auf S. 78 folgende drei Wege an: *„Es gibt nun drei Wege – im wesentlichen –, die man gehen kann: Der eine ist der positive Glaube, der von außen auf uns eindringt; der*

---

[15] Vortrag 4. 10. 1920
[16] Carl Unger: Aus der Sprache der Bewußtseinsseele, Stuttgart 1981

zweite ist die V e r z w e i f l u n g ; *man steht einsam mit seiner Last und fühlt das ganze Dasein mit sich wanken; der dritte Weg ist die Entwicklung der tiefsten, eigenen Kräfte des Menschen. V e r t r a u e n in die Welt muß der eine Führer auf diesem dritten Wege sein. Mut, diesem Vertrauen zu folgen, gleichviel wohin es führt, muß der andere sein."* (Anmerkung: *„Hier ist andeutungsweise in wenigen Worten auf den Weg zur Geist – Erkenntnis gewiesen, den ich in meinen späteren Schriften, besonders in „Wie erlangt man Erkenntnis der höheren Welten", „Umriß einer Geheimwissenschaft", „Von Seelenrätseln" gekennzeichnet habe."*)

Wege zur Freiheit

Wir betonten, daß wir heute im Zeitalter der menschlichen Freiheit leben mit allen Vorzügen und Schwächen. Nun gibt uns Rudolf Steiner interessante Hinweise, was uns im Inneren zur Freiheit hinführt. Er sagt in dem Vortrag vom 10. Juni 1913 Folgendes: *„Unter den Ideen, an welchen man am besten sehen kann, was sich als Symptom der gegenwärtigen Zeitepoche herausgebildet hat, ist vielleicht die Idee der Freiheit die wichtigste, sie ist diejenige Idee, welche uns am besten die Evolution der letzten Jahrhunderte anschaulich machen kann ... Nun handelt es sich darum, daß in der Tat notwendig ist gerade für eine spirituelle Weltanschauung, sich zu der Erkenntnis durchzuringen, daß der Mensch in seiner Leiblichkeit zwar der äußeren Natur und ihren Gesetzen angehört, daß er aber als Seele etwas in sich trägt, was nur auf spirituellem Wege gefunden werden kann. Mit anderen Worten: Wenn wir den Menschen erkennen wollen in seiner ureigensten Wesenheit, dann dürfen wir nicht auf dasjenige im Menschen sehen, was zwischen Geburt und Tod seine äußere Hülle ist, sondern dann müssen wir auf dasjenige sehen, was von Inkarnation zu Inkarnation gehend seine eigentliche, wahre Wesenheit ist ... Hier auf Erden kann einem das vielleicht gleichgültig sein, ob man vollkommen oder unvollkommen ist, nicht aber in dem*

Leben zwischen Tod und einer neuen Geburt. Da drängen unwiderstehliche Kräfte dazu, die Unvollkommenheit in Vollkommenheit umzuwandeln. Man sieht ein, daß das in vielen Fällen nur durch Leid und Schmerz erreicht werden kann ..." Es wird nun im weiteren geschildert, wie es luziferische Wesen sind, Engelwesen, die auf der Mondenphase der Erdenentwicklung stehen geblieben sind. Diese wirkten auf den Menschen ein, so daß er in seiner niederen Natur geistiger wurde, als er es sonst geworden wäre. *„Daß sich erziehen zu sittlichen Ideen, das würde der Mensch nicht können, wenn der luziferische Einfluß nicht gekommen wäre ... Dieser luziferische Einfluß hat bewirkt, daß in unserer Natur aus dem Unbewußten heraus zum Bewußtsein hin, die Läuterung eintreten muß, daß wir uns zu bewußten sittlichen Ideen und Motiven heraufarbeiten müssen im Kampf mit uns selber, und diesen Ideen dann aus eigenem Antrieb folgen ... Luzifer verdankt es der Mensch, daß er seine sittliche Freiheit aus sich selber erzeugen muß. Freiheit gibt es nicht in der Natur. Freiheit findet man nur, wenn man ausführt, was als Geistig-Seelisches den Menschen durchdringt. Indem Luzifer in die niederen Begierden des Menschen eindrang, wurde er nicht nur der Verführer des Menschen, sondern zugleich der Schöpfer der menschlichen Freiheit. Durch Luzifers Impuls wurde der Mensch frei gemacht ... Wenn wir auf unser Inneres sehen, lernen wir auch die gute Seite des Luzifer kennen, und man kann nicht länger sagen: Luzifer ist ein böses Wesen – denn er ist zugleich auch der Bringer der menschlichen Freiheit."*

Wir sehen hier in ungewohnte Zusammenhänge hinein, über den Blick des Geistesforschers. Es gilt, sich mit diesen Fragen auseinanderzusetzen, und wir erfahren etwas von der Erhabenheit der geistigen Mächte. Wir sind ganz nahe dem Bösen in seiner verwandelten Gestalt, wenn wir das Gute anstreben. In dem Aufleuchten des echten Freiheitsbewußtseins im Inneren, wird uns die Hilfe Luzifers zuteil. *„Und es wird die Aufgabe der Anthroposophie sein, die Aufmerksamkeit der Menschen hinzulenken auf jene Vorgänge des inneren Lebens, die beweisen, daß es einen* *solchen von der äußeren Leiblichkeit unabhängigen, ewigen Wesenskern im Inneren des Menschen gibt."*[17]

Den Begriff des Bösen werden wir allmählich umdenken lernen. Wenn wir um die Freiheit ringen, so ist es wie eine Gratwanderung, ein langsames Sich-lösen aus der engen Bindung an die Leiblichkeit. Das schließt die Gefahr ein, in Hochmut zu verfallen, auch in Lebensferne.

Es ist überhaupt die Frage, wieviel der hier gemeinten Freiheit wir schon entfalten können. Und doch, so müssen wir sagen, leben wir in einer begnadeten Zeit, auch, wenn es in keiner Weise so ausschaut.

Wer bin ich?

Die Frage: Wer bin ich? liegt in jedem von uns, bewußt oder unbewußt. Es ist im eigentlichen Sinne auch keine Frage, wie wir sie sonst stellen, denn hier steht ein bestimmtes Gefühl dahinter, oder besser: eine Lebens- oder Daseinsempfindung. Einmal im Leben stellt sich wohl jeder diese Frage, im Zusammenhang vielleicht mit besonderen Lebenssituationen. Auf der anderen Seite gilt auch dies: Für viele Menschen erübrigt sich diese Frage, weil sie keinen Grund sehen, die eigene Existenz irgendwie in Frage zu stellen. Die Fülle des Lebens ist voller Rätsel, und eines davon bin ich selbst in all meiner Unfertigkeit. Nur eines: stimmt das wirklich? Ich stehe als Einzelner der Welt gegenüber, der Vielheit an Menschen und Dingen. Im Nachdenken stelle ich fest: Hier walten keine Zufälle, mein Lebenslauf ist durch mich geprägt, und nur ich kann die tieferen Zusammenhänge durchschauen. Und so komme ich darauf, die eingangs gestellte Frage enger umrissen zu stellen: Wer bin ich als ein sich selbsterkennendes Einzelwesen? Welchen Sinn hat es überhaupt, wenn ich für mich die-

---

[17] Rudolf Steiner: Die Welt des Geistes und ihr Hereinragen in das physische Dasein. GA 150

se Frage stelle, die ich doch nicht beantworten kann, da ich mich nur von meiner Außenseite erlebe? Diese Frage wirft in der Tat eine Problematik auf, der ich zunächst gar nicht gewachsen bin. Philosophen haben zu allen Zeiten sich diese Frage gestellt und nach Antworten gesucht. Da wir als Menschen „ich" zu uns sagen, werden wir nicht umhin können, dieses kleine Wörtchen auf seinen Seins-Gehalt zu prüfen, das heißt zunächst einmal: ernst zu nehmen. „Ich bin" – so leuchtet es auf in meinen Seelentiefen, ein innerer, beinahe rätselvoller Glanz. Mit dieser Frage ist eine andere engstens verknüpft: Der Mensch und das Göttliche

Rudolf Steiner drückte es einmal so aus, daß er sagte, indem er auf die Zeiten vor dem fünfzehnten Jahrhundert hinweist: *„Wenn der Mensch in damaliger Zeit in sein Inneres sah, so hatte er aufsteigend das Geistige, welches das Moralische, so wie er es damals als ein Gegebenes hatte, umfaßte. Je weiter wir zurückgehen in der Menschheitsentwicklung, desto mehr finden wir, daß das reale Heraufsteigen eines inneren Daseins im menschlichen Erleben etwas Selbstverständliches ist. Wir können diese Tatsachen, die ich so, wie ich sie Ihnen eben erzählt habe, aus der Geisteswissenschaft ergeben, an gewissen äußeren Symptomen auch geschichtlich studieren. So tritt zum Beispiel in der Zeit, in der das Sprechen von einer inneren Realität immer mehr in Unwahrheiten gerät, der Gottesbeweis auf ... Das Göttliche zu beweisen fing man erst in der Zeit an, als man es innerlich verloren hatte, als es nicht mehr da war für die innere geistige Anschauung. Aber mit diesem Göttlichen waren zugleich die damaligen sittlichen Impulse verbunden. Man kann das, was damals sittliche Impulse waren, heute nicht mehr als solche ansehen."* Rudolf Steiner schildert weiter, wie gegen Ende des 19. Jahrhunderts alles Reden über moralische Intuitionen vom Intellekt her regiert wurde, man kam über diese Denkweise gar nicht zu moralischen Intuitionen ... Die Menschen nahmen nichts mehr wahr, wenn sie nach innen schauten. Sie bewahrten nur noch die Tradition dessen, was sie früher geschaut hatten. Früher hatte man das, was später zum bloßen Glauben erstarrte, außermenschlich erlebt.

„Der Lauf der Menschheitsgeschichte zeigt eine fortschreitende Emanzipation des Menschen. Aus dem bildhaft – mythischen Bewußtsein heraus, wie aus einem Mutterschoß, entwickelte sich langsam unser diskursiv – abstraktes Denken, welches sich zunehmend auf die äußeren Erscheinungen der Natur richtete. Jenes visionäre Schauen mußte erlöschen, sollte der Mensch lernen, in einem wachen Bewußtsein Selbstverantwortung für sein Denken und Handeln zu übernehmen."[18]

Von der Hygiene des Alltags

Die vorzüglichen, entdeckerfreudigen Menschen unserer Zeit, warum sollten sie nicht einmal auf die Idee kommen, den Menschen mit all seinen Möglichkeiten näher zu betrachten und zu studieren? Es wird sich herausstellen, wie es Rudolf Steiner näher umschreibt, daß dem Gehirn z. B. eine andere Funktion zukommt, als heute landläufig angenommen wird:

„Was die Seele im Nervensystem vollführt, ist während unseres wachen Bewußtseins a b b a u e n d e Tätigkeit. Und nur dadurch, daß das Nervensystem so in uns eingelagert ist, daß es von dem übrigen Organismus immer wieder aufgefrischt wird, kann die abbauende, die auflösende, die zerstörende Tätigkeit, die vom Denken aus eingreift, immer wieder ausgeglichen werden. Die Naturwissenschaft sucht immer nur die aufbauenden Kräfte. Dasjenige, was abbaut, entzieht sich ihr."[19]

Vom Menschen geht etwas aus, das ihn innerlich in den Naturzusammenhang hineinzustellen vermag. Das ist in erster Linie eine seelische Qualität, die Empfindungen für Farben und Formen, sowie alle Sinneseindrücke insgesamt, sie vermögen den Menschen über die natürlichen Zusammenhänge hinauszuführen. Er

---

[18] Mario Betti: Das Sophia-Mysterium der Gegenwart; Dornach 1992
[19] R. Steiner: Individuelles Geistwesen und ihr Wirken in der Seele des Menschen, GA 178

baut sich sein eigenes Reich auf und erlebt sich selbst in dieser Gegenüberstellung. So einfach dieser Sachverhalt ausschaut, in Wirklichkeit ist er sehr kompliziert. Das erleben wir an unzähligen Störungen auf diesem Felde. Jeder Mensch erlebt die Wirklichkeit anders, je nachdem, w i e er in den Zusammenhängen steht und in welcher inneren Verfassung er sich befindet.

Ganz besonders kritisch sieht es für Menschen aus, die berufsmäßig z. B. fünf oder sechs Stunden täglich vor dem Computer sitzen müssen. Die alte Einheit von Wahrnehmung und Bewegung erscheint gründlich gestört. Die Leistungsfähigkeit der Maschinen übertrifft jedes Fassungsvermögen und wir müssen uns darein fügen. Es ist kein Wunder, daß das Nervensystem darunter leidet und der Wiederaufbau sich nicht mehr vollständig vollziehen kann. Und es geht kein Weg daran vorbei; ein eisernes M u ß bestimmt das Leben. Ein natürlicher Spielraum bestand einst im Zusammenhang des Berufslebens, ein Freiraum gleichsam, in dem die Seele wieder ausatmen konnte. Dieser besteht so gut wie gar nicht mehr.

So sind die Bedingungen heute, und es hat keinen Zweck, sich darüber aufzuhalten. Jeder sucht für sich einen Weg, damit fertig zu werden, mit welchen Mitteln auch immer!

Der Mensch steht vor unlösbaren Rätseln, seine alte Vormachtstellung ist verdrängt. Eine Hygiene im Alltag gibt es nicht mehr. Die alltäglichen Anforderungen bestimmen die Abläufe mit zunehmender Härte. Wir gingen vom Nervensystem aus, das, vom Menschen aus gesehen, die Verbindungen nach dem Inneren zu herstellt. Dieses feine Gewebe wird überstrapaziert. An dieser Stelle hat eine „Hygiene der Zukunft" einzusetzen mit künstlerischen Übungen wie Malen oder Musik usw. Daß dies ohne weiteres möglich ist, zeigen bereits viele Beispiele. Man muß nur den Anfang machen. Jeder hat einen kleinen Künstler in sich, der nur darauf wartet, angesprochen zu werden. Geschieht das nicht, kann das Folgende eintreten: Die Menschen werden bekanntlich immer älter bei einigermaßen gutem Wohlbefinden, wenigstens bisher. Der genannte starke Abbau des Nervensystems wird aber zur Folge haben, daß die Alterssklerose rapide zunehmen wird, immer früher einsetzt. Stumpfheit, Interessenlosigkeit und vieles mehr sind die Folgen, innere Unbeweglichkeit. Das wirkt sich bis auf das ganze Leibesgefüge aus, bis auf die Gelenke. Wie schwer gehen viele alte Menschen einher! Wenn vom Kopf aus kein Leben einstrahlt, dann versiegt das innere Leben. Wir kommen um das Geschenk des hohen Alters, wenn wir uns nicht bemühen, auch etwas dafür zu tun.

Es ist merkwürdig, wie schon einfache Lebenstatsachen, die an sich jeder kennt, nicht unbedingt zu einer Änderung der Lebensgewohnheiten führen.

Wir können uns einmal vorstellen, was das Heer der über Sechzigjährigen bedeuten könnte, wenn von da aus lebendige Impulse ausgingen! Es ist doch eine riesige Menschengruppe, die Zeit mitbringt, sich im Ruhestande befindet. Echte Initiativen gibt es aber nur sehr selten. Statt dessen richtet man sich das Leben so bequem wie möglich ein. Ich möchte nichts verallgemeinern, da es naturgemäß viele Ausnahmen gibt, doch wir kennen ja alle die Situation, wie sie sich darstellt.

Zusammenfassend ließe sich vielleicht sagen, daß wir mit diesen wenigen Angaben ein sehr wichtiges Gebiet berührt haben, Verhältnisse, die sehr ernst zu nehmen sind, weil sie im Zentrum stehen. Darum herum rankt sich das andere, die unübersehbare Vielfalt menschlichen Lebens.

Eine Lösung wird es aber letztendlich nur geben können, wenn wir uns auf den Weg machen, zu einer wirklichen Neugestaltung des inneren Lebens zu kommen. Das ist möglich. Die Hilfen stellen sich ein, sobald wir zu Suchenden werden.

Von der Lebensführung

Wir stehen zwar alle in einem Lebenslauf darinnen, doch ist es uns kaum bewußt, welchen Stellenwert das Heute für das Ganze besitzt. Manchmal leuchtet etwas auf in der Seele, was in diese Richtung geht, aber das ist selten. Dem im öffentlichen Leben stehenden Menschen wird alle Möglichkeit genommen, über den engen Ablauf der Tage auch größere Gesichtspunkte walten zu lassen. Eine alte Ordnung ist brüchig geworden, die dem Tag von innen her noch einen gewissen Halt gab. Es bestand ein Kreislauf der Dinge, der überschaubar war. Das galt auch für das Leben als Ganzes. Mit dem Zeitgeschehen verband sich viel Sinnvolles, und es ergab sich wie von selbst, daß auch Pausen da waren, die man erfüllen konnte.

Jugend und Alter, jene Spanne voller Impulse im sozialen Leben, und vieler schöner Verbindungen in den Familien, mußte in ihrem inneren Wert zurücktreten. Es gibt neue Gruppierungen unter Gleichaltrigen.

Wo stehe ich selbst, sagen wir mit meinen 40 Lebensjahren, innerhalb meines Lebens als Ganzem? Das zwingt nicht unbedingt zum Nachdenken! Auch die größeren Etappen haben sich verwischt. So ist auch des Lebens Ende für den noch im Beruf stehenden Menschen zunächst keine Frage. Das ist verständlich ganz besonders in unserer Zeit, wo „Verjüngung" angestrebt wird. Um so erschütternder wirken die tragischen Ereignisse vom Tode „in den besten Jahren". Eine heilige Scheu haben wir selbst vor den Gedanken an das eigene Sterben. Was uns mit dem Leben verbindet, ist dabei nicht immer sehr tiefgehend. Wir leben gern – damit ist es schon genug. Doch kommt gelegentlich die eine oder andere Frage auf: Wer bin ich – was will ich – wozu lebe ich eigentlich? Lieber weichen wir dieser Problematik aus, weil wir uns ihr nicht gewachsen fühlen. Im Grunde paßt der Abschied vom Leben, das Verzichten und langsame Dahinwelken, nicht gut in das moderne Lebensgefühl. Immerhin lesen wir heute viel mehr als früher von der Lebenseinstellung im Alter und seiner Aktivierung. Für viele Menschen ist das „Wiederkommen auf Erden", die Reinkarnation, auch eine Realität, besonders in Amerika.

Das Alter kommt nicht spontan, es ist ein Prozeß, der über Jahrzehnte geht. Viele Menschen schicken sich in ihr Schicksal und sehen mit Gelassenheit der Zukunft entgegen. Sie haben sich eine seelische Ausgeglichenheit erworben. Auf der anderen Seite gibt es doch sehr viel Leid, ja Hader mit dem eigenen Schicksal. Wie oft reißen auch Unfälle die Menschen aus ihrer normalen Lebensweise heraus. Man hat den Eindruck, als läge ganz unterschwellig über jedem Leben ein gottgewollter Plan. Je nach der jeweiligen seelischen Verfassung und ein wenig Selbsterkenntnis erhellt sich dieses Gefühl, das sonst ganz im Unbestimmten bleibt. Es ist auch so unterschiedlich, womit sich der Einzelne in bezug auf Lebensfragen beschäftigt. Eines ist wohl gewiß: Daß das einfache „in den Tag hineinleben" nicht genügt und unbefriedigt läßt. So einfach und glatt auch das Leben daherzulaufen scheint, im Grunde trifft das gar nicht zu. Die täglichen Komplikationen sind oftmals enorm. Unsicherheit, ja auch Ängste, Zweifel an einer Sache, Sorgen um die Zukunft, die Kinder – vieles mehr breitet sich aus. Jeder trägt sein Bündel auf den Schultern. Es stehen sich gegenüber: das einfache, sich etwas bequem machen können, und auf der anderen Seite nicht die Ruhe haben, es auch auszunützen. Das Spannungsfeld ist oft groß. Fast in jeder Familie passieren die verschiedensten „Einbrüche" unerwarteter Geschehnisse, denen man kaum gewachsen ist. Es kommt dazu, daß die Verhältnisse für jeden einzelnen immer komplizierter werden. Auch Krankheiten sind die Regel, von denen man früher kaum sprach. Dieses Feld hat sich ungeheuer ausgebreitet. So ist das moderne Leben keineswegs einfach, das wissen wir zur genüge. Das Komplizierte liegt vor allem daran, das zugleich mehreres zusammenkommt. Wir sind oftmals auch gar nicht vorbereitet, werden völlig überrascht.

Kleine Ärgernisse gibt es täglich in Hülle und Fülle, und nur wenig Menschen tragen diese mit Gelassenheit. Es ist wunderbar, einem Menschen zu begegnen, der mit einem Lächeln manche Rückschläge quittiert und sich nicht im geringsten umwerfen läßt. Das sind Menschen, die gut mitdenken können und damit viel weniger überrascht werden. Das ist eine Gabe, die man schon mitbringt. Heiterkeit und Gelassenheit sind Geschenke, die nicht allzu häufig anzutreffen sind. Wer mit einer Frage lebt, auch mit der Stimmung der Dankbarkeit, hat es leichter. Von Hans Cibulka stammt das Wort:

„Es gibt nichts Wertvolleres als einen Menschen, der die wirre Erregung seiner Sinne abgelegt hat und die Welt Kraft seiner Gedanken erhellt."

Man muß auch die Lichtseiten des Lebens sehen und sich ihnen mit einiger Anstrengung zuwenden. Es gibt Dinge, die kommen nicht von selbst, sie verlangen Aktivität. Und das ist das Wichtigste in unseren Tagen. Im Verlust liegt auch Gewinn. Diese und ähnliche Lebensregeln brauchen wir fast täglich. Wie einfach lebte es sich doch noch in früheren Zeiten – beneidenswert möchte man sagen. Doch das ist ein Trugschluß. Wir sind für diese unsere Zeit geboren, das ist unser Schicksal. Es ist wie ein Gewand, das wir anziehen, was uns paßt. In vielen Fragen kann einem auch keiner raten, ich muß allein damit fertig werden. Das ist, wie mir scheint, eine typische Zeiterscheinung. Ein Zweites ist die Entschlußkraft. Ich muß mich aufraffen, heute etwas bestimmtes zu tun. Es geht kein Weg daran vorbei. Das Dritte ist die Übung zur Toleranz. Die brauchen wir immer, hundert mal am Tage. Mancher Ärger wird damit erspart. Man kann sie üben. Viertens: Das vorausschauende Denken, sonst werde ich überrascht. Fünftens: Die Einteilung, ein Plan, wie ich etwas gestalten möchte. Sechstens: Das Miteinander bedenken. Ich lebe meist nicht allein. Und nur in Gemeinsamkeit kann es gelingen. Siebtens: – und das ist sehr wichtig: Die Minuten der Stille, die ich mir schaffen muß! Es ist eine Kunst, aber sie ist zu lernen. Das gehört zur Lebensbewältigung. So haben wir einen kleinen Rundgang gemacht und nur einiges erwähnt. Im übrigen sind diese Fragen sehr individuell.

Es ist erstaunlich, wie Gewohnheiten unser Leben weitgehendst bestimmen. Das ist manchmal kurios. Etwas könnte man sich schon abgewöhnen, wenn es auch schwer fällt.

Mensch-sein bedeutet: sich im Wandel befinden, ein Werdender zu sein.

So tragen wir einer des anderen Last, und das ist gut so. Nur im richtigen Miteinander werden wir in der Gegenwart bestehen.

„Ändert euren Sinn"

Die Räder der Geschichte, sie drehen sich langsam bis plötzlich ein neuer Einschlag kommt, wie ein leiser Wind, der sich in

Sturm verwandeln kann. Wir stehen in diesem Jahrhundert in einer solchen Zeit des Übergangs, wo es anfängt zu stürmen, katastrophale Verhältnisse ins Land ziehen. Unverwechselbar ist diese Sprache. Kommt sie von ungefähr? Wie hat sie sich vorbereitet? Sind wir bereit, zu verstehen, richtig zu handeln? Hundert Fragen ließen sich anschließen an ein Geschehen, das letzten Endes ein Geheimnis bleiben muß.

Millionen Gräber von Gefallenen, von Hingerichteten, von verbrannten Menschen tragen die Schrift dieses Jahrhunderts (siehe das Ende der Darstellung Teil III „Das Vermächtnis der Toten"). Ihre Seelen stiegen auf, und bald werden sie zu neuem Leben hier auf Erden zurückkehren. Welche Erwartungen tragen sie mit sich nach diesem schweren Leid? Was treffen sie an?

Hier beginnt ein Abschnitt der neueren Geschichte, der uns interessieren muß.

Der Tod ist niemals nur „Grenze" oder „Ende" eines Weges, er kann für eine ganze Zeitepoche zum Fanal werden. Und das ist geschehen, nur – haben wir es erkannt?

Diese Frage, das wissen wir, beantwortet sich von selbst mit einem klaren „N e i n ". Wir sind zur Tagesordnung übergegangen und landeten im Wohlstand. Das war's letzten Endes! Und nun? Wir stehen vor den Folgen, stehen nicht nur vor den Gräbern der vielen Toten, sondern auch vor dem Grab der Zivilisation. Statt zu erwachen, schliefen wir ein und umgaben uns mit Alltäglichem, fanden keine Worte für diese Dimension, der wir uns nicht gewachsen zeigen. Doch es klopft weiterhin an unsere Tore – tausendfach! Am Himmel hören wir ferne Gewitter sich zusammenziehen! Unser Wille ist gefragt, unsere Besonnenheit, unser Erkenntnismut. Sind wir dem gewachsen, was auf uns zukommen wird?

Vielleicht wird man diese Sätze übertrieben finden und sie mit ein paar Worten abtun. Es kann aber auch das Gegenteil eintreten, sie noch viel zu schwach empfinden. Die Gegenwart ist unglaublich hart. Sie schreckt vor nichts zurück. Das ist die Sprache unseres Zeitgeistes, des Erzengels Michael. Das gilt es zu erkennen. Er ruft auf zur Zeitenwende, wie Johannes der Täufer es vor 2000

Jahren tat: „Ändert euren Sinn!" Wir leben heute in einer ähnlichen Zeit wie damals, wenn wir es auch nicht wahrhaben wollen. Großes will sich der Menschheit offenbaren, so beschreibt es Rudolf Steiner. Die menschliche Freiheit mit all ihrer Ausweitung und unerhörten Möglichkeiten ist eine große Gabe, voll Vertrauen uns übergeben, daß wir sie richtig nutzen. Sie bedeutet aber auch Freiheit nach i n n e n , das will heißen: Umkehr von Gewohnheiten, Erstarrtem, Aufbrechen zu neuen Ufern.

Mit einem Ur-Vertrauen wurde der Mensch einst begabt mit der höchsten Liebe Gottes, damit er den Weg zurückfinde. Und die Geschichte der Menschheit wird damit zu einem tiefen Geheimnis, weil es nicht gesagt ist, daß Umwege, die zu gehen sind, nicht letztlich doch positiv anzusehen sind, weil sie Erkenntnisse mit sich bringen, Erfahrungen im Leid. So haben wir gerade diese Frage vor uns hinzustellen, bei jeder einzelnen Betrachtung: Führt der Weg, so abschüssig er auch wirkt, nicht doch letzten Endes wieder aufwärts, weil wir diese Prüfungen durchstehen müssen, um einmal durchgerüttelt und befreit von allem Schweren, wieder klarer sehen zu dürfen?

Teilhard de Chardin schrieb einmal folgendes: *„Prüft man die Krise, durch die wir hindurchgehen im Lichte einer allgemeinen Wissenschaft von der Welt, so hat die Krise ein «positives Vorzeichen». Sie zeigt nicht die Charakteristika eines Zerfalls, sondern einer Geburt. Erschrecken wir also nicht vor dem, was auf den ersten Blick auf eine endgültige und universelle Zwietracht zu sein scheinen möchte. Was wir erleiden ist nur der Preis, diese Ankündigung, die Vorphase unserer Einmütigkeit."*[20]

Interessanterweise hat es Rudolf Steiner einmal ganz ähnlich formuliert (siehe S. 34).

---

[20] Teilhard de Chardin: Die Schau in die Vergangenheit

Der Einzelne und die Gemeinschaft

Gibt es einen tragenden Grund, der den Einzelnen mit der Gemeinschaft verbindet? Diese Frage mag uns beschäftigen, wo wir so und so oft diesen Grund vergeblich suchen. Wir wissen natürlich darum, liegt er doch in unserem Herzen umschlossen. In mir spiegelt sich die Gemeinschaft und umgekehrt. Der Mensch lebt nicht für sich allein. Wenn es auch eine sehr lange Geschichte gibt zu diesem Thema, anscheinend müssen wir wieder von vorne anfangen.

Die Ehe, die Familie, ist die Keimzelle für jegliche Gemeinsamkeit. Und hier gibt es bekanntlich die größten Probleme! Wir müssen das, was früher eine Selbstverständlichkeit war, heute bewußt anstreben. Natürlich liegen die Ursachen zu dieser Entwicklung sehr tief. Sie gehören zur Ich-Findung in unserer Zeit. Wir haben es heute schwerer mit uns selbst! Gemeinwesen sind keine Gemeinplätze. Es bildet sich etwas zwischen Menschen heraus, was wir nicht hoch genug einschätzen können. Nehmen wir einmal das Gegenteil: den Drang zur Isolierung. Würde diese Tendenz Schule machen, dann bräche alles Soziale zusammen! Wir werden zum Aufwachen an Seele und Geist des anderen Menschen geführt. *„Die Menschen müssen sich näher kommen, als Sie sich bisher gestanden haben: Zu einem weckenden Wesen muß jeder Mensch, der einem anderen entgegentritt, werden."*[21] *„Durchsichtig gewissermaßen wird gegen die Zukunft hin der Mensch dem Menschen werden. Wie das Haupt geformt ist, wie der Mensch geht, wird mit anderem inneren Anteil und mit anderem inneren Interesse geschaut werden, als es heute noch in den menschlichen Neigungen liegt. Denn man wird den Menschen nur dann seinem Ich nach kennenlernen, wenn man eine solche Auffassung von seiner Bildnatur hat, wenn man mit dem Grundgefühl vor den Menschen hintreten kann, daß sich dasjenige, was die äußeren physischen Augen vom Menschen sehen, zu des Menschen wahrer geistig – übersinnlicher Wirklichkeit verhält wie*

---

[21] Rudolf Steiner: Anthroposophische Gemeinschaftsbildung, GA 257

das Bild, das auf die Leinwand gemalt ist, zu der Wirklichkeit, die es wiedergibt. Dieses Grundgefühl muß sich ausbilden."[22]
Rudolf Steiner hat in dieser Richtung zahlreiche Übungen angegeben. Die eine besteht darin, *„auf sein Leben zurückzuschauen und nachzuvollziehen was sich zwischen mir und einem anderen Menschen, der in mein Leben getreten ist, abgespielt hat. Wir sollen weniger ins Auge fassen, was wir selber getan oder erlebt haben, vielmehr sollen wir versuchen, im Bilde auftauchen zu lassen vor unserer Seele die Personen, die als Lehrer, Freunde, sonstige Förderer in unser Leben eingriffen, oder solche Personen, die uns geschädigt haben, und denen wir von gewissen Gesichtspunkten aus manchmal mehr verdanken als jenen, die uns genützt haben. Diese Bilder sollten wir vor unsere Seele vorüberziehen lassen, uns ganz lebendig vorstellen, was jeder an unserer Seite für uns getan hat. Und wir werden sehen, wenn wir auf diese Weise verfahren, daß wir allmählich uns selber vergessen lernen; daß wir finden, wie eigentlich fast alles, was an uns ist, gar nicht da sein könnte, wenn nicht diese oder jene Personen fördernd oder lehrend, oder sonst irgendwie in unser Leben eingegriffen hätten ... Dann erst, namentlich wenn wir zurückschauen auf länger vergangene Jahre und auf die Personen, mit denen wir vielleicht nicht mehr in Beziehung stehen, denen gegenüber wir leichter zur Objektivität kommen, wird sich uns zeigen, wie die seelische Substanz unseres Lebens aufgesogen wird von dem, was auf uns Einfluß genommen hat. Unser Blick erweitert sich über eine Schar, die im Laufe der Zeit an uns vorübergegangen ist."*

Diese Übung führt dazu, daß unsere Einstellung zu unserem Gegenüber eine andere wird. Wir kommen allmählich los von den Gesichtspunkten wie sympathisch oder antipathisch und sehen den anderen, wie er in sich ruht oder nach der einen oder anderen Seite aktiv ist. Es gibt eine Schönheit, auch im guten Miteinander, die sich vielfach bewährt hat. Das Loslassen, wie das Auf-einander-Zugehen, sind Qualitäten im Widerspruch, aber sie gehören zusammen. Von Goethe stammt das Wort: *„Vergebens bemühen wir uns, den Charakter eines Menschen zu schildern: man stelle*

---

[22] R. Steiner: Geschichtliche Symptomatologie, GA 185, 26. Okt. 1918

dagegen seine Handlungen, seine Taten zusammen und ein Bild des Charakters wird uns entgegentreten."

Immer ist es der ganze Mensch, auch wenn wir ihn in irgendeinem Detail betrachten. Damit nähern wir uns dem Wesen, dem Ich des anderen, das sich hinter dem Äußeren verbirgt. Es ist sehr verständlich, warum wir so leicht uns an den Ecken und Kanten des anderen stoßen, weil wir nicht ganzheitlich schauen, vielleicht die Augenblicke nicht gegenwärtig haben, die uns verbanden. Das wirklich Gemeinsame zeigt sich offenbar nur selten, es will entdeckt sein. Deshalb stellt gemeinsames Leben und Arbeiten echte Aufgaben und erfordert Ausdauer und Tragekraft.

Das S o z i a l e ist das Kernstück, das Zentrum jedweder Menschengemeinschaft und wird heute auf den Prüfstein gestellt. Die soziale Frage ist zur Schicksalsfrage geworden. Rudolf Steiner stellt in dem Aufsatz „Geisteswissenschaften und soziale Frage" dar, wie die sozialen Nöte dieser Zeit eng mit dem Seelenleben zusammenhängen. Da heißt es: *„So kann auch nur derjenige die äußeren Einrichtungen im Leben richtig beurteilen, der sich klar macht, daß diese nichts anderes sind als das Geschöpf der Menschenseelen, die ihre Empfindungen, Gesinnungen und Gedanken darin verkörpern. Die Verhältnisse, in denen man lebt, sind von den Mitmenschen geschaffen, wenn man nicht von anderen Gedanken, Gesinnungen und Empfindungen ausgeht, als jene Schöpfer hatten."*[23]

---

[23] R. Steiner: Geisteswissenschaft und soziale Frage, 3 Aufsätze, aus GA 34

Erde und Mensch

"Jahrelang mußte ich fliegen, um eine einfache Wahrheit zu erkennen. Sie zwingt uns zu einer Verantwortung, die grenzenlos ist: Kein Eingriff, der an unserem Planeten vorgenommen wird, wird jemals wieder gelöscht. Jeder Spatenstich bleibt sichtbar, mögen auch die Jahrtausende darüber hinweggehen. Nur aus der Vogelperspektive zeigt sich, welch ein sensibler Organismus unsere Erde ist.
Sie vergißt nichts.
Eine der Erkenntnisse, die ich von fünfundzwanzig Jahren Luftfahrt mitbrachte, war, daß unser blauer Planet ein einmalig schöner, lebensfreundlicher, aber auch äußerst mimosenhaft reagierender Wohnort ist. Man muß ihn hegen und pflegen und verwöhnen. Nur dann könnte er im eiskalten Weltenraum noch Jahrmillionen überleben.
Doch die Menschheit, sie verhält sich nicht immer so ..."[24]

Die Erde öffnet dem Menschen große Perspektiven im Anschauen und im Nacherleben. Das Gemeinsame geht weit zurück bis an die Anfänge der Menschheitsgeschichte. Der Mensch löste sich mehr und mehr aus den Zusammenhängen heraus, um seine eigene Welt immer intensiver auszubauen. So entzweite er sich allmählich von diesen ihn tragenden Weltzusammenhängen. Jetzt ist der Stand der tiefsten Entfremdung erreicht, vom Religiösen aus gesehen: der Gottesferne. Die Menschen stehen wie vor einem Nichts, wenn sie um sich blicken in völliger Isolierung. Nur im Schenken von schönen Blumen und im Pflanzen der Gärten ist noch etwas geblieben von der alten Verbundenheit. Es bleiben die großen Perspektiven, die Mensch und Erde verbinden.

Das Positive dieser Entwicklung liegt in der Tatsache, daß es nun in den Händen der Menschen liegt, von sich aus aktiv zu werden, um die Natur zu erlösen aus dem Zustand der Entfrem-

---

[24] Rudolf Braunburg: Himmel über der Erde, Stuttgart 1991

dung, in die sie getreten ist. Jede liebevolle Berührung von Stein, Pflanze und Tier schafft eine Brücke, die so bitter notwendig ist.

Es gibt keine Frage heute, die so völkerverbindend ist, die alle Menschen auf Erden in gleichem Maße angeht, wie diese: Mensch und Umwelt (Natur). Große Weltkongresse werden darüber abgehalten. Vor 100 Jahren war das überhaupt noch kein Thema. Eine Stadt, die Dörfer, sie waren in natürlichster Weise einst eingebettet in ihr Umfeld, das zu ihnen gehörte. In wie kurzer Zeit sind ganz andere Verhältnisse eingetreten! Ich möchte jetzt nicht all die bekannten Tatsachen wiederholen, doch es ist alarmierend, wie wenig intakte Natur überhaupt noch besteht.

Aber auch die Erdumgebung, der Luftraum, ist ungeheuer gefährdet, vor allem durch die CO_2-Emission.

Nun geht diese ganze Entwicklung zweifellos von der geänderten Bewußtseinslage der Menschheit aus. Wir haben schon charakterisiert, worin diese besteht. Ein reines Kopfwissen ist es, das nicht begreifen kann, wo wir die natürlichen Lebensstufen zu suchen haben, daß die Natur anderen Gesetzen unterliegt als der Mensch. Aber vielleicht mußte das alles so kommen, damit wir erwachen zur Erde hin, die wir jetzt so schändlich ausbeuten.

Doch hinter diesem Verhältnis steht noch etwas ganz anderes, als unser einfacher Verstand wahrhaben will. Versuchen wir uns ein wenig da hineinzudenken. Wir sind an einem Punkt angekommen, wo wir uns sagen müssen: Wir verlieren fortschreitend die Fruchtbarkeit der Erde, wenn wir nichts für sie tun.

Klimaschwankungen, Erdbeben, Stürme und Überschwemmungen nehmen von Jahr zu Jahr zu. Wir vernehmen eine Sprache, die wir noch nicht verstehen können, aber sie ist deutlich.

Es muß in Zukunft wieder dazu kommen, daß wir die Erde um ihrer selbst willen lieben lernen, daß wir ihre Gaben wieder höher achten als uns selbst.

„Unser täglich Brot gib uns heute." Wird die Menschheit der Zukunft einmal zurückfinden zum Tischgebet?

Es liegt auf dem Wege, den wir heute gehen, der durch alle Tiefen führt, aber auch zum Erwachen hinleiten kann.

Hinter allem Irdischen steht ein Wesen. Es verbirgt zunächst sein Antlitz, aber es ist da.

Die Menschheit, das spüren wir, hat eine unendliche Schuld auf sich geladen. Sie ist hart und stumpf geworden im N e h m e n. Der Erde gegenüber muß sie aber das G e b e n lernen, um zu bestehen, sonst zieht sich das „Geschenk des Lebens" zurück und die Versteppung weiterer Landstriche schreitet schnell vorwärts.

Rudolf Steiner betonte in seinem „Landwirtschaftlichen Kurs" 1924:

„Die Menschheit hat keine andere Wahl, als entweder auf den verschiedensten Gebieten aus dem ganzen Naturzusammenhang, aus dem Weltenzusammenhang heraus, wieder etwas zu lernen, oder die Natur ebenso wie das Menschenleben absterben, degenerieren zu lassen. Wie in alten Zeiten es notwendig war, daß man Kenntnisse hatte, die wirklich hineingingen in das Gefüge der Natur, so brauchen auch wir heute wieder Kenntnisse, die wirklich hineingehen in das Gefüge der Natur."

R. Steiner gab den Landwirten genaue Anweisungen, was zu tun ist, z. B. um die kosmischen Wirkungen dem Pflanzenwuchs näher zu bringen oder die terrestrischen. Daraus entstand die biologisch-dynamische Wirtschaftsweise.

Er hat als Erster übrigens auf die ökologischen Fragen hingewiesen, die uns heute so stark beschäftigen, und viele Ratschläge zur Erhaltung von Erde und Mensch gegeben.

Die Erde wird uns vermehrt in Zukunft Aufgaben stellen in der genannten Richtung, und womöglich werden auf diesem Wege viele Arbeitsplätze geschaffen. Es müssen dann auch überzählige Straßen und Plätze der Erde wiedergegeben werden. Doch das liegt noch sehr fern; zunächst erweitern sich die „Industrieparks" zunehmend.

Es bestehen aber unzählige Verbindungen zwischen Erde und Mensch, auch solche, die uns zutiefst beglücken können.

Es gibt eine Einwohnung des Menschen in die Gottnatur ganz unabhängig vom Kopfwissen. Unverlierbar wohnt dieser Reichtum in der Menschenseele. Über die F a r b e n draußen in der Welt werden wir getragen. Tief im Unbewußten stellt sich eine

Verbindung her von der allergrößten Bedeutung, jeden Tag aufs Neue. Was will uns das sagen? In den Farben spricht zu uns die Seele der Welt. „Im farbigen Abglanz haben wir das Leben" (Goethe). Es will uns eine Botschaft künden von der Unverlierbarkeit einer Verbindung trotz aller Dunkelheiten. Ja, die Farben erlösen das Dunkel und tragen in sich die „Taten des Lichtes".

Wie die milde Güte Gottes, so leuchten sie zu uns herein. Vielleicht als Trost, daß wir nie verloren sein können. Gerade im Winter, dem langen Dunkel, da erleben wir die schönsten Sonnenuntergänge. Das Licht zeigt eine überwältigende Farbstärke sehr oft vor dem Verschwinden der Sonne, sie, die uns den Tag schenkte mit ihrem Licht, die ganze Erde am Leben erhielt, verabschiedet sich in solcher Größe und Schönheit! Ihre Sprache ist anders als die unsere, sie ist gewaltig und doch auch von jedem Kind zu verstehen. Farben umkleiden den Himmel, und wir sollen durch sie hineinschauen in die Größe der Gotteswelt. Wie unendlich klein kommen wir uns vor – aber nicht verlassen, sondern aufgerufen zu neuem Leben. Wir sind aufgenommen, mögen wir noch so entfernt weilen, wir dürfen immer an der Gotteswelt teilhaben.

Und es gibt vom Menschen aus eine Antwort, eine Sprache ebenfalls von unermeßlicher Weite und Größe: das ist die K u n s t.

Die Lüfte hallen heilig-mild:
o präg uns ein, du Gottesbild,
den Urbeginn der Liebe!

Sie hauchen in der Nacht der Zeit:
Empfangt in Leidergebenheit
die Ewigkeit der Liebe!

Ihr Sterne, die zu ihm geführt,
– von seiner Glorie berührt –
erglühet neu in Liebe.

Paul Bühler

Mensch – Erde – Welt

Verlangen der Zeit

Gott, wir schreien nach einem Künder
Deiner Glorie, unsre Zeit
Sehnt sich nach dem Glutentzünder:
Sind wir nicht genug bereit?

Müssen wir noch mürber werden,
Weckt der grause Geißelstreich
Des Vernichtungskriegs auf Erden
nicht von neuem dir ein Reich?

Ratlos tasten wir im Dämmer
Nach der wesentlichen Spur.
Uns im Hirn dröhnt das Gehämmer
Grausam deiner Weltenuhr.

Zwar die Schauenden verhehlen
Nicht das Wort, das sie durchklingt.
Aber wo ist, der die Seelen
auf Jahrhunderte beschwingt?

(...)

Ob uns gnadevoll betäubten
Streitern wallt das Banner schon,
Unsichtbar. – Zu unsren Häuptern
Blickt ein Strahlenhaupt, der Sohn.

Karl Thylmann (1888-1916)

Thylmann, der bekannte große Dichter und Graphiker, war ein Erneuerer der Kunst auf allen Gebieten. Er fiel vor Verdun.[25]

---

[25] Gotlinde Thylmann-v. Kayserlingk (Hrsg): Karl Thylmann, Gesamtwerk Bd. 1, Stuttgart 1968

Diese Worte haben außerordentliche Tragekraft, bergen sie doch die Hoffnung von Millionen Menschen in unserer Zeit. Wir sind Geprüfte, haben stärker als alle Generationen vor uns die Last falscher Lebensführung zu tragen aus der Zeiten Not. Über weite Strecken ist der Himmel verdunkelt, aber unverkennbar bereitet sich am Horizont ein neuer Sonnenaufgang vor.

Mensch – Erde – Welt, welch unerhörter Dreiklang liegt in diesen Worten, welche Symphonie! Noch stehen wir vor diesem Geheimnis schweigend, nach dem Schlüssel suchend zu seinem Verständnis. Mensch – Erde – Welt, ist es eine Einheit in sich? Gibt es eine Möglichkeit, lebendige Verbindungen aufzusuchen, das eine in dem anderen wiederzuerkennen? Der Mensch kann nur aus seinen tiefsten kosmischen Wurzeln heraus verstanden werden, sonst werden wir ihm nicht gerecht. Erdenwerden ist zugleich Menschheitswerden. Wir haben heute eigentlich nur den leiblichen Menschen in unserem Blickfeld, das Vergängliche. Wir können das Stoffliche als Teil unseres Planeten betrachten, nicht aber die höheren Glieder des Menschen, die weit heraufragen bis in die göttlichen Welten. Die falsche Einstufung des Menschen, wie wir sie auch in den Schulbüchern wiederfinden, ist eine der grausamsten Verzerrungen in unserer Zeit.

Die Erde ist nicht denkbar ohne den tragenden kosmischen Grund, aus dem sie einst vor Urzeiten hervorgegangen ist. Erde und Mensch wollen als Einheit verstanden sein bis in ihre tiefsten Wurzeln hinein. Diese Erkenntnis allein, wie sie durch Anthroposophie gewonnen werden kann, würde heute zu einer völligen Neuorientierung führen, zur Verlebendigung weltweit unseres gesamten Kulturlebens. Doch davon sind wir weit entfernt. Unsere Ansätze in Richtung Ökologie z. B. sind noch viel zu schwach. Wir denken mit und durch unsere Apparate und meinen, damit sei schon alles getan. „Mensch, Erde und Welt" wollen uns Wege weisen in eine bessere Zukunft, Brücken bauen helfen, wo sich Abgründe auftun. Die Menschheit hat ein Recht darauf, um ihre Situation zu wissen. Der Dimension in die wir eingetreten sind, sind wir einfach nicht gewachsen. Karl Thylmann (s. oben) bezeichnet es als einen „Schrei, nach einem Künder deiner Glorie."

Wie Anthroposophie sich hineinzustellen vermag in unsere Lage, das wollen wir uns einmal an einem Beispiel etwas deutlich machen. Rudolf Steiner zeigt uns, wie wir den Kosmos neu verstehen können. Wir entnehmen diese Stelle einem Vortrag: „das Ich und die Sonne."[26] Ich bin mir natürlich bewußt, welche Anforderung damit an viele Leser gestellt wird, da sie mit völligem Neuland konfrontiert werden. Aber irgendwann muß man ja einmal den Anfang machen.

„Wir müssen wiederum geisteswissenschaftliche Unterlagen anwenden lernen, um zu einer Anschauung von der Sonne kommen zu können. Diese Sonne, von der der Physiker glaubt, wenn er hinauskommen würde in den Weltenraum, sie böte sich ihm dar als eine leuchtende Gaskugel, diese Sonne, trotzdem sie das Weltenlicht in ihrer Art uns zurückstrahlt, so wie sie es empfängt, diese Sonne ist ein durch und durch geistiges Wesen, und wir haben es nicht zu tun mit einem physischen Wesen, das da oben irgendwo im Weltraum herumgondelt, sondern wir haben es zu tun mit einem durch und durch geistigen Wesen. Und der Grieche empfand r i c h t i g noch, wenn er dasjenige, was ihm von der Sonne zustrahlte, als etwas empfand, was in Zusammenhang gebracht werden muß mit seiner Ich-Entwicklung, insofern diese Ichentwicklung gebunden ist an das Vorstellungswesen des Verstandes. In dem Sonnenstrahl sah der Grieche dasjenige, was in ihm das Ich entzündet. So daß man sagen muß: der Grieche hatte noch diese Empfindung von der Geistigkeit des Kosmos. Er sah in dem Sonnenwesen substanziell ein dem Ich verwandtes Wesen. Dasjenige, was der Mensch gewahr wird, wenn er zu sich selber Ich sagt, die Kraft, die in ihm wirkt, so daß er zu sich Ich sagen kann, auf die sah der Grieche hin, und er fühlte sich veranlaßt, zur Sonne dasselbe zu sagen wie zu seinem Ich, dieselbe Empfindung der Sonne entgegenzubringen, wie er sie seinem Ich entgegenbrachte.

Ich und Sonne, sie verhalten sich wie das Innere und das Äußere, was draußen durch den Weltraum kreist als Sonne ist das Welten-Ich. Was drinnen in mir lebt, ist das Ich des Menschen ...

---

[26] 5. Mai 1921, GA 204

Durchringen müssen wir uns wiederum dazu, etwas zu erkennen von dem Menschheitszusammenhang mit dem außerirdischen Dasein."

Wenn ich auch nur einen kleinen Ausschnitt aus diesem hochinteressanten Vortrag wiedergeben kann, so erleben wir doch, wie uns Geisteswissenschaft wieder anzuschließen vermag an das große kosmische Geschehen, mit dem wir immer verbunden sind. Hier spricht der, nach dem Thylmann fragt:

„Aber wo ist, der die Seelen auf Jahrhunderte beschwingt?"

Noch ist Rudolf Steiner von der großen Öffentlichkeit nicht erkannt. Sein ungeheueres Werk lebt im Verborgenen und steht vor seiner Entdeckung.

Vor über 100 Jahren sprach Heinrich Hertz die Sätze: *„Das Licht ist eine elektrische Erscheinung, das Licht an sich, alles Licht, das Licht der Sonne, das Licht einer Kerze, das Licht eines Glühwurms. Nehmt aus der Welt die Elektrizität, und das Licht verschwindet."* Heute kann die Hertzsche Aussage erweitert werden: *„Nehmt aus der Welt die Elektrizität, und die äußere Zivilisation verschwindet."*[27]

Unter dem Kapitel „Geistesentwicklung und Physik" lesen wir folgendes:

„Nach dem entscheidenden Umschwung zu Beginn unseres Jahrhunderts wurde durch Relativitätstheorie und Quantenphysik eine Kosmologie denkbar, an der der «Geist» des Menschen keinen innerlichen Anteil hat. Auch ein schöpferischer, wirklicher Geist außerhalb des Menschen läßt sich nicht mehr denken. Dagegen konnte Aristoteles den Geist des Menschen und den Geist des Kosmos noch als Einheit erleben ... Offen blieb die Frage, ob der Geist im Menschen wirklich individuell sei ...

Ein neues Verhältnis zu Wahrnehmung und Denken darf die bisherige Erkenntnisentwicklung des Menschen nicht negieren. Man kann nicht einfach wieder zu den Begriffen eines Thomas von Aquin und eines Aristoteles zurück, ohne etwas völlig Neues dabei zu denken. Der Mensch ist in seinem

---

[27] Diese Stellen sind dem Buch „Erkenntnis des Geistes an der Materie" von Martin Basfeld, Stuttgart 1992 entnommen.

Verhältnis zur Natur ein anderer geworden. Durch die Physik hat er gelernt, die Sinneswelt ohne den Menschen zu denken. Er hat dadurch die M ö g l i c h k e i t in sich, im reinen Menschsein geistige Erfahrungen unabhängig von der Erkenntnis der Sinneswelt zu entwickeln, da ihm die Natur diese nicht mehr von sich aus gibt. Er hat bereits damit begonnen, die gegebene Sinneswelt umzugestalten. Die Umgestaltung vollzieht er nicht aus der Sinneswelt selber, sondern aus dem Nicht-Sinnlichen. Sie wird aber solange eine Unternatur erzeugen, die dem Menschen äußerlich bleibt, solange der Mensch die Möglichkeit bewußter Geist-Erfahrung n i c h t v e r w i r k l i c h t. Erneuert er aber die in der Naturwissenschaft liegenden Keime der geistigen Willenstätigkeit, dann wird ein Weg zur «Übernatur» frei. Diese kann wie die «Unternatur» nicht unabhängig von der menschlichen Tätigkeit gedacht werden.

Es wird heute allenthalben gesehen, daß zur Überwindung der ökologischen Krise die Reduktion von Wahrnehmung und Denken überwunden werden muß. Der individuelle Mensch soll wieder zur Geltung kommen. Die ästhetische Erziehung der Sinne wird als Weg aus der Umweltkatastrophe angeboten ... Die Frage nach einem neuen Verhältnis zu dem von der Sinneserfahrung befreiten Denken und der vom Denken verlassenen Sinneserfahrung liegt heute auf der Straße."

Diese unsere Problematik einmal so formuliert vor uns zu haben, schadet sicherlich nicht, obwohl hier natürlich nur ein ganz kleiner Ausschnitt wiedergegeben werden konnte. Der Schwerpunkt liegt sicherlich in der Aussage, daß der Mensch die „*in der Naturwissenschaft liegenden Keime einer geistigen Willenstätigkeit erneuern muß, um zur Übernatur vorzustoßen ...*" Was ist damit gemeint? Die Willenstätigkeit liegt im freigewordenen Denken, das unabhängig von der Sinneserfahrung gestärkt werden muß. „*Wahrnehmungen entstehen jenseits von Subjekt und Objekt als lebendiges Verhältnis der Seele zur Natur vor jeder Reflexion ... Der Wahrnehmungsvorgang ist ein Lebensvorgang, durch den die Seele eine Beziehung zu den Dingen der Welt eingeht, jenseits von subjektiv und objektiv."*[28] Das kann man stark in einem künstlerischen Prozeß beobachten, beim Malen zum Beispiel. Nehmen wir an, ich male Blumen innerhalb einer bestimmten Umgebung, wo ich sie auch draußen antreffe. Nun vertiefe ich mich in ein mir vertrautes Bild und versuche, die Pflanze aus dieser inneren Impression heraus zu malen, aber so, wie es meinem künstlerischen Empfinden entspricht. Das Wahrnehmungsbild verwandelt sich, es erhält einen eigenen Charakter, den ich ihm geben kann durch meine Impression. So hebe ich das Geschehen aus seinem natürlichen Zusammenhang heraus zu einer neuen Stufe durch meine geistige Tätigkeit. Es entsteht eine neue Wirklichkeit, die sich wiederum ganz eingliedert in Zusammenhänge, wie ich sie innerlich erlebt habe, so daß das Geistige unmittelbar aus der sinnlichen Erfahrung hervorgeht.

Dieser Vorgang kann beispielhaft sein. Getrennt von den gegebenen Tatsachen gestaltet sich in mir ein individuelles Bild, eine Impression. Diese wird Ausgangspunkt für mein willentliches Tun. Je lebendiger ich werde in diesem Vorstellungsleben, desto besser werden mir Bilder gelingen, die das W e s e n der Sache berühren. Das ist *„die Möglichkeit bewußter Geisteserfahrung"* wie sie oben angedeutet wurde. Es ist das Bemühen, die Dinge sich selbst aussprechen zu lassen, wie es Goethe so vorbildlich dargelebt hat.

So kann ich der Welt nur gegenüberstehen als ein erlebender, als geistig aktiver Mensch. Dann werden mir auch Dinge einfallen zu rechter Zeit. Mein Denken wird ein anderes werden: beweglich und wandelbar in sich, es wird *„der Weg zur Über-Natur frei"* wie es oben beschrieben wurde.

Den oben zitierten Vortrag schließt Rudolf Steiner mit folgenden Worten:

„Sehen Sie, zu solchen Erkenntnissen vom Zusammenhang des Menschen mit dem außerirdischen Kosmos muß unsere Zivilisation wieder kommen. Der Mensch muß sich wieder fühlen so, daß er weiß: in meiner Organisation wirken nicht nur die gewöhnlichen, von der heutigen Wissenschaft anerkannten Vererbungs-

---

[28] Martin Basfeld: Erkenntnis des Geistes an der Materie, S. 250

kräfte. Das ist eigentlich gegenüber dem wirklichen Tatbestand ein bloßer Unsinn. Kein Herz wäre im menschlichen Organismus, wenn nicht die Sonne eben dieses Herz eingliederte, und zwar vom Kopf aus, und keine Leber wäre im menschlichen Organismus, wenn ihm nicht diese Leber von Venus eingegliedert würde. Und so ist es mit den einzelnen Organen des Menschen ... Der Mensch muß wiederum wissen, daß mit einer Wissenschaft, die nur das Irdische umfaßt, sein Wesen durchaus nicht erklärt werden kann. Dann wird man auch den Zusammenhang des Menschen mit der Erde kennen lernen ... So sind alle unsere Metalle, insofern sie kristallisieren, durchaus in ihren Gestalten deshalb da, weil sie in einer gewissen Weise abhängig sind von den außerirdischen Kräften, weil sie gebildet worden sind, als die Erde noch nicht intensiv ihre Kräfte entwickelt hatte, sondern noch die außerirdischen Kräfte in der Erde tätig waren. Heilkräfte, die in den Mineralien, in den Metallen namentlich liegen, sie hängen mit dem zusammen, wie diese Metalle sich innerhalb der Erde, aber aus außerirdischen Kräften gebildet haben ..."

So gewinnen wir eine völlig neue Perspektive im Hinblick auf das Verhältnis Mensch – Erde – Welt. Was zunächst wie N e - b e n einander erscheint, verwandelt sich in ein I n einander. Und wir nehmen die erstaunlichsten Zusammenhänge wahr.

Mensch – Erde – Welt das ist wie ein tönendes Schwingen um eine Mitte, die Karl Thylmann in seinem Gedicht (s. o.) als „den Sohn" bezeichnet.

Wir sind aufgerufen, wieder bewußt „Bürger zweier Welten" zu werden, und damit uns selbst neu zu erkennen.

„Alles künstlerische Schaffen ragt hervor aus einer in der menschlichen Natur steckenden Überfülle von Kräften, die im äußeren Leben nicht zum Ausdruck kommen können, die sich daher ausleben wollen, indem der Mensch sich bewußt wird seines Zusammenhanges mit dem Weltenganzen."

(Rudolf Steiner, Wahrspruchworte)

Die Tragik des technischen Zeitalters

Unser sogenanntes technisches Zeitalter prägt im allgemeinen das moderne Leben in jeder Beziehung. Wir genießen täglich seine Vorzüge, die unbestritten sind.

Daneben entwickelt sich eine Menschlichkeit, die das beste daraus zu machen sucht!

Schauen wir auf diese hin, so ergibt sich eine gewisse Schwierigkeit. Einmal werden wir wach, geordnet und sicher im Ablauf der Dinge, wie z. B. im Straßenverkehr, andererseits besteht ein Teufelskreis: Wir kommen von den „technischen Annehmlichkeiten" nur schwer los. Ich hörte kürzlich z. B., daß in den USA in einzelnen Familien sogar das Radio die ganze Nacht hindurch läuft.

Wir brauchen innere, starke Kräfte, das moderne Leben zu ertragen, das durch Auto, Telefon, Fernsehen usw. geprägt ist.

Geistige Interessen und materielle Bedingungen, wie sie das öffentliche Leben gibt, sie gehen nicht immer miteinander konform wie es der Idealfall wäre, sondern sehr oft findet das Gegenteil statt, wir kommen einfach mit der Lebenspraxis nicht mehr zurecht. Der innere, seelische Mensch fühlt sich mehr oder weniger bedrängt, er verliert allmählich seinen Freiraum, der ihm in früherer Zeit ganz selbstverständlich zur Verfügung stand. Von der Technik wird nicht nur die Wirtschaft geprägt und gestaltet, sondern auch das geistige und kulturelle Leben. Es entstehen zunehmend soziale Spannungen bis hin zur weit verbreiteten Arbeitslosigkeit durch die weitgehende Anwendung von Maschinen. Es läßt sich diese Entwicklung natürlich nicht mehr zurückschrauben, wir müssen nach vorn sehen. Die Wissenschaft ist nach wie vor das „Zünglein an der Waage", ihre Aussagen sind präzise und korrekt, das heißt erwiesen.

„Die Grundfrage lautet: Was ist der Sinn der modernen Naturwissenschaft? Wie ist sie entstanden? Welche notwendigen Berechnungen muß man ihr zusprechen? Wo liegen die Gründe, daß

auf so vielen Gebieten sich der Nutzen in Schaden, der Gewinn in Verlust verwandelt hat?"[29]

Ein Beispiel finden wir in den Aussagen von Robert Oppenheimer, dem „Vater der Atombombe", der sich im Jahre 1954 vor einem amerikanischen Gericht verantworten mußte, weil er die Weiterentwicklung zur H-Bombe nicht mitmachen wollte.

Nachdem er freigesprochen war, widmet sich Oppenheimer der entstandenen Problematik. *„Er hofft nun, vor allem an der geistigen Klärung der von der Zeit und ihren vorläufig ungebändigten technischen Kräften gestellten Fragen mitarbeiten zu können ..., Oppenheimer sieht die Jahre seiner Blendung und Not heute nur noch wie ein Stück Geschichte."* „Wir haben die Arbeit des Teufels getan," summierte er seine Erfahrung im Frühsommer 1956 gegenüber einem Besucher. *„Aber nun kehren wir zu unseren wirklichen Aufgaben zurück."* Ein Streben, dem er sich widmen möchte, hat er in einer seiner letzten Reden visionär entworfen:

„Beide, die Männer der Wissenschaft und der Kunst, leben stets am Rande des Geheimnisses, sind ganz von ihm umgeben. Beide haben als Maß ihrer Schöpfung stets mit der Harmonisierung des Neuen und des Gewohnten zu tun gehabt, mit dem Gleichgewicht zwischen Neuheit und Synthese, mit der Bemühung, im totalen Chaos wenigstens teilweise Ordnung zu schaffen. Sie können in ihrer Arbeit und in ihrem Leben sich selbst, einander und allen Menschen helfen. Sie können Pfade bauen, welche die Dörfer der Kunst und der Wissenschaft miteinander und mit der Welt draußen verbinden, vielfache, verschiedene, kostbare Bindeglieder einer wahren und weltweiten Gemeinschaft.

Das kann kein leichtes Leben sein. Wir werden es schwer haben, unseren Geist zu öffnen und zu vertiefen, unseren Sinn für Schönheit, unsere Fähigkeit, sie zu schaffen, und unsere Fähigkeit, sie in weltfremden, seltsamen, ungewohnten Plätzen zu entdecken; wir werden es schwer haben, alle von uns, wenn wir die vielfachen verschlungenen zufälligen Wege bewahren und in einer großen offenen windigen Welt in Existenz halten wollen. Aber das ist,

---

[29] Johannes Hemleben: Das haben wir nicht gewollt, Stuttgart 1978

wie ich sehe, Vorausbedingung des Menschen, und unter dieser Bedingung können wir helfen, weil wir einander lieben."[30]

Es ist in dieser „Vision" vieles ausgesprochen, das uns tief bewegen kann, z. B., daß hier Wissenschaft und Kunst nebeneinander gestellt werden in Verbindung einer anzustrebenden weltweiten Gemeinschaft. Ebenso die Feststellung *„einer Harmonisierung des Neuen und des Gewohnten, ... mit dem Gleichgewicht zwischen Neuheit und Synthese ..."* Ein merkuriales Prinzip wird eingegliedert als Lebensstrom. Und es schließt erstaunlicherweise: *„weil wir einander lieben."*

So eint sich Naturwissenschaft und Christentum, äußerer Fortschritt mit tiefster Innerlichkeit! Man wird dazu gedrängt zu denken, daß Oppenheimer zu dieser Vorschau kommen konnte durch das Erdulden tiefsten Leidens, was die Schöpfung der Atombombe in die Welt gebracht hat. Mögen diese Worte auch heute noch weiterklingen. Immer wieder greift die Geistige Welt ein und lenkt auch das Unvollkommene einer höheren Bestimmung zu.

Wir sind allerdings heute durch die allgemeine Einführung der Automaten in unserem Computer-Zeitalter so weit gekommen, daß an eine Mitgestaltung des Menschen kaum mehr zu denken ist. Wir sind degradiert, Energien zu benutzen, die wir nicht in der Hand haben, die uns zum D e n k a p p a r a t , D e n k a u t o m a t e n machen. Es ist tatsächlich nicht einfach, die Grenze in uns selber genau anzugeben, wo der Apparat aufhört und das Eigentliche, das Wesenhafte allein regiert. Was bedarf es in Zukunft für Anstrengungen, um aus diesem Teufelskreis herauszukommen? Es ist zunächst nicht vorstellbar, wie das geschehen könnte.

Wir spüren die ganze Tragik unseres technischen Zeitalters, das ohne Ziel und Sinn sich fortzubewegen scheint.

---

[30] Robert Jungk: Heller als tausend Sonnen, München 1990

Eigeninitiative ist gefragt

Die Gegenwart scheint beschattet von vielen ungewollten, heranbrandenden Fragen, die wir gar nicht alle zurückverfolgen können bis zu ihren Ursprüngen. Das Leben heute ist keineswegs in sich geschlossen, es gibt uns immerfort neue Rätsel auf. Aber eines wissen wir: Eigeninitiative ist gefordert. *„Wer Initiative zeigt, wer vor allem neue Wege gehen will, droht unter einem Wust von wohlmeinenden Vorschriften zu ersticken"*, sagte 1997 Bundespräsident Roman Herzog. Er hat in seiner berühmt gewordenen „Kopfwasch-Rede" in Berlin verhement zum Umdenken aufgefordert. Er vergleicht nach einer eben vollendeten Asienreise die dynamische Aufbruchsstimmung der Entwicklungsländer mit der „Lähmung", die über Deutschland liegt. *„Es herrscht ganz überwiegend Mutlosigkeit, Krisenszenarien werden gepflegt."* Trotz immer neuer aber ungenügender Anläufe, bleibt schließlich alles beim Alten. In der Sache selbst geschieht fast gar nichts.

Aber vermag diese negative Bilanz, vor der wir stehen, nicht auch ein positives Zeichen in sich zu tragen, daß sie uns verstärkt aufruft zur Eigeninitiative?

Diese Frage stellt sich ein Buch, das kürzlich im Urachhaus-Verlag erschienen ist: „Eigeninitiative" von Andreas von Zadow. Es werden sieben Alternativprojekte vorgestellt aus verschiedenen Ländern Europas. Es wird deutlich, *„daß jeder von uns in der Lage ist, mit persönlichem Einsatz, Phantasie, Kreativität und Enthusiasmus ein Stück bessere Welt zu schaffen ... Statt einfach auf einen großen, fahrenden Zug aufspringen zu können, muß sich jeder, der etwas ändern und die Zukunft mitgestalten will, in dieser Lage also zunächst einmal selbst eine eigene Route festlegen und einen «Fahrplan» aufstellen. Wo genau will ich hin? Wen brauche ich als «Mitfahrer»? Wann soll es losgehen? ... Für Menschen, die sich mit diesen Fragen beschäftigen, für Leute, die wirklich etwas ändern und nicht nur darüber reden wollen, ist dieses Büchlein gedacht. ... Die hier geschilderten sehr persönlichen Beweggründe und Erlebnisse von Initiatoren soll Menschen in ähnlichen Lebenslagen Mut machen: Initiativen kann jeder* *starten. Persönliches Engagement ist bereichernd. Es führt zu einer Vielzahl unschätzbarer Lebenserfahrungen und zu neuen, persönlichen Kontakten, die oftmals das eigene Leben jahrzehntelang prägen können."*

Es werden einige charakteristische Eigenschaften und Fähigkeiten genannt, die erfahrungsgemäß die Initiatoren besitzen:
1. Sie können die sozialen und ökologischen Aufgaben und Chancen in ihrer Umwelt sehen.
2. Sie können ihre Umwelt verinnerlichen ...
3. Sie verbinden ihr Schicksal mit der eigenen Arbeit.
4. Sie denken nicht allein in Ursachen – und Wirkungszusammenhängen, sondern können komplex wahrnehmen und denken.
5. Sie entwickeln Enthusiasmus für ihre Aufgaben.
6. Sie haben langen Atem. Sie können eine Sache von Anbeginn bis ins letzte Detail realisieren, nicht allein gute Ideen produzieren.
7. Sie fühlen sich sicher, solange sie in Bewegung sind. Sie bewegen sich gerne an Grenzen und können Hindernissen die positiven Seiten abgewinnen.
8. Sie nehmen sich – trotz Engagement – Zeit zum Genießen und zu Gesprächen. Sie verstehen dieses als Teil ihres fortwährenden Suchprozesses.
9. Sie lassen sich auch von ihrer Intuition lenken.
10. Sie lernen „by doing". Man kann sie nicht theoretisch schulen. Sie brauchen auf ihrem Weg praktische, unterstützende Lernmethoden.
11. Sie selbst haben visionäre Motive. Sie pflegen die Motivbildung und damit die geistige Orientierung innerhalb ihres Initiavnetzwerkes.
12. Sie besitzen soziale Kompetenz und steuern damit ihr Netzwerk aus Unterstützern, Experten und Entscheidungsträgern.

Es sind hier Eigenschaften, Kenntnisse und Einstellungen zum Ganzen eines Projekts genannt, die aufhorchen lassen. Wirklicher

Erfindergeist setzt sich durch in einer Welt von Paragraphen, Anordnungen und Verboten.

Auf Seite 32 lesen wir: *„Wie kann man selbst seine Kraft für Initiativen sammeln? Ich erhalte immer wieder neuen Schwung durch das Beispiel anderer. Daher war mir die Begegnung mit den Menschen, von denen die nachfolgenden Berichte handeln, eine große Bereicherung und Stärkung. Mein Wunsch ist, daß vieles davon auch auf Sie als Leser überspringt."*

Wer weiß, vielleicht lassen Sie sich von der Vision Roman Herzogs aus seiner eingangs zitierten Rede anstecken: *„Ich rufe auf zu mehr Selbstverantwortung. Ich setze auf erneuerten Mut. Und ich vertraue auf unsere Gestaltungskraft. Glauben wir wieder an uns selbst. Die besten Jahre liegen noch vor uns."*

Sehr interessant ist unter anderem in diesem Buch die Vorstellung einer Frau Gerda Homar, Leiterin der Dienststelle Präsidium, Magistrat Wels.

„Wenn man einmal den sicheren Boden verlassen hat, und erfahren hat, daß man diese Herausforderung erfolgreich bestehen kann, ist das ungeheuer lehrreich – beruflich wie privat ... Das Umdenken in ein neues Menschenbild dauert jahrelang, ist aber der einzig richtige Weg. Wir müssen auf die Kreativität des Einzelnen an seinem Arbeitsplatz bauen. Bei dieser Entwicklung begleiten wir die Mitarbeiter ... Auf die Zusammenarbeit kommt es an! Es ist ja oft erschütternd, was gestandene Kollegen und Kolleginnen, die schon 20 oder 30 Jahre im Dienst sind, in der Weiterbildung lernen müssen. Vielen Bewerbern fehlen die Grundvoraussetzungen zur Zusammenarbeit und Integration in einer sozialen Arbeitsgemeinschaft – und nichts anderes ist eine Stadtverwaltung."

Nach vielen Turbulenzen erfuhr sie im laufenden Jahr *„das Gefühl der inneren Mitte. Ich konzentriere mich jetzt darauf, selbst die neuen Konzepte vorzuleben."*

Es kann uns an diesem Beispiel zum Bewußtsein kommen, was inneres Engagement bedeutet und das Bemühen, jeder auf seine Weise, weiterzukommen.

Es ist hier leider nicht möglich, die weiteren Abschnitte in dem hochinteressanten Buch zu skizzieren, wo es in jedem Falle darum geht, gegen eine Welt des Widerstandes anzugehen, um neue Ideen durchzusetzen. Es stellen sich Hilfen ein, wo mit Engagement und mit ganzem Einsatz vorgegangen wird. „*Die hier vorgestellten Motive, Erfahrungen und Vorgehensweisen, die einem zunächst aussichtslos erscheinenden Vorhaben schließlich zum Durchbruch verhalfen, können als wertvolle Hilfe dienen, eigene Initiativen zum Erfolg zu führen ... Es sind immer Einzelne, die den Kern einer Erneuerung bilden, ganz gleich ob in der Bürgerschaft, in Verwaltungen oder Organisationen des Wirtschaftslebens.*"

Initiative auf dem Lande

In einer Zeit wie der unseren, ist jeder Einzelne mehr oder weniger alleingelassen. Das erfordert naturgemäß erhöhte Aufmerksamkeit. Wir sehen die Welt sehr nüchtern an, abwägend, was einmal einer Zukunft entgegengehen kann und was nicht. Diese Haltung ist neu in der Geschichte, wie alles, was wir erleben, keine Vergleiche zu früher zuläßt. Es sind so viele Fragen, die uns bewegen. Die eine, wohl vordergründigste, ist die nach dem Bestand der Einrichtungen. Muß denn, so fragen wir uns, jede Entscheidung von einer höheren Instanz gebilligt werden? Wie kann sich echte Kreativität entfalten unter einem solchen Dach, sprich Staatsform? Vor dieser Situation stehen wir, wenn wir Gründungsinitiativen besitzen.

Das Schwierige ist ja, daß wir echte Einblicke besitzen müssen, um die Zukunftsaspekte zu verstehen. Was wirklich neue, ungewohnte Ansätze besitzt, wird nicht ohne weiteres einzuordnen sein. Aber unsere Zeit verlangt danach, denn wir kommen sonst nicht weiter. Dieses Umdenken und Einfühlen ist ein echter Lernprozeß, um den wir nicht herumkommen. Im Grunde ist so etwas ungemein reizvoll und bringt schlummernde Fähigkeiten in Bewegung. Die Breite dieser Initiativen ist groß und in Kürze wird man mehr und mehr davon reden.

In den Mitteilungen der GLS-Gemeinschaftsbank vom 2/96 findet sich ein Artikel von Albert Fink (Vorstandsmitglied), den ich hier verkürzt wiedergeben will:

„Kann die zivile Gesellschaft die soziale Kraft entwickeln, die anonymen, globalisierenden Formen der reinen Marktwirtschaft, oder besser der Geldkapitalwirtschaft, zu begrenzen und auch differenzierte Formen von lokaler und regionaler Selbstorganisation zu verwandeln? Artikel 9, Abs. 3 des Grundgesetzes der BRD lautet: «Das Recht, zur Wahrung und Förderung der Arbeits- und Wirtschaftsbedingungen Vereinsgruppen zu bilden, ist für jedermann und für alle Berufe gewährleistet. Aber die, die dieses Recht einschränken oder zu behindern suchen, sind nichtig, hierauf gerichtete Maßnahmen sind rechtswidrig.»

Angesichts der Situation der Landwirtschaft, die ja nicht nur ein Wirtschaftsfaktor, sondern auch die Grundlage für Leben schlechthin und damit der Ausgangspunkt für jegliches Wirtschaften ist, werden die Kernfragen nach einer Bürger- oder Zivilgesellschaft evident und existentiell. Die Systemveränderungen von innen, d. h., durch eigenes Handeln, sind allerdings die schwierigsten. In diesem Sinne wird der Aufbau von Selbstverwaltungsstrukturen immer von Rückschlägen und Krisen begleitet sein. Dadurch braucht man nicht entmutigt zu werden ... Es geht darum, deutlich zu machen, daß es unter obigen Aspekten höchst sinnvoll und wirtschaftlich ist, in Investitionsvorhaben auf ökologischen Höfen zu investieren, das heißt: zu investieren in Arbeitsplätze, Wohnstätten, Wirtschaftszentren und «Sozialstationen» auf dem Lande. Das heißt auch: zu investieren in unsere wichtigste Produktionsgrundlage, deren Bedeutung immer mehr ins öffentliche Bewußtsein gelangt ..."

Es gibt bereits einzelne derartige Keimzellen auf dem Lande mit weiter Ausstrahlung und Anziehungskraft, es sind aber natürlich noch viel zu wenig. „*Die Industrialisierung der Landwirtschaft*", so heißt es im obigen Artikel, „*schreitet ungebremst voran. Könnte aber nicht gerade der ökologische Landbau ein Feld sein, auf dem sich regionale Strukturen und ziviles Bürgerengagement entwickeln können?*"

Ein uns gut bekannter Hof Heynitz/Mahlitzsch in Sachsen hat einen „Förderverein für Biologisch-Dynamischen Landbau" begründet mit folgenden Zielen und Aufgaben:

1.) Information der Öffentlichkeit über grundlegende Bedeutung der Land- und Forstwirtschaft für die Erhaltung und Wiederherstellung von gesunden Lebensbedingungen für den Menschen, das Tier, die Pflanze und den Boden.

2.) Organisation von Schülerpraktika und von Tagungen und Exkursionen für Landwirte, Forstwirte, Landschaftsgestalter, Lehrer u. a. zu Fragen der Landkultur.

3.) Organisation, Trägerschaft und Durchführung von Maßnahmen des Naturschutzes und der Landschaftsgestaltung.

4.) Arbeit am Berufsbild des Landwirtes.

5.) Mitwirkung bei der Schaffung von Arbeitsplätzen in der Landwirtschaft.

Außerdem wird u. a. biologisch-dynamisches S a a t g u t erzeugt, was deshalb besonders wichtig ist, weil nahezu der gesamte Saatgutmarkt in den Händen weniger Saatgut-„Multis" ist, die unter hohem Chemieeinsatz in Billiglohnländern produzieren lassen. Dies ist nur ein kleiner Ausschnitt aus dem Wirken einer solchen Keimzelle, die auch dem Sterben unzähliger Höfe entgegentreten will. Es ist grausam zu sehen, wie wir uns mehr und mehr unsere Lebensgrundlage entziehen.

Rudolf Steiner hat in seinem Kurs für Landwirte im Jahre 1924 schon auf die ganze Problematik hingewiesen vor der wir heute stehen. Einleitend heißt es: *„Daß es kaum ein Gebiet des Lebens gibt, das nicht zu der Landwirtschaft gehört. Von irgendeiner Seite, aus irgendeiner Ecke gehören alle Interessen des menschlichen Lebens in die Landwirtschaft hinein ... Gerade bei der Landwirtschaft zeigt es sich, daß aus dem Geiste heraus Kräfte geholt werden müssen, die heute ganz unbekannt sind und die nicht nur die Bedeutung haben, daß etwa die Landwirtschaft ein bißchen verbessert wird, sondern die Bedeutung haben, daß überhaupt das Leben der Menschen – der Mensch muß ja von dem leben, was die Erde trägt – eben weitergehen könne auf Erden auch im physischen Sinne."*

Diese Sätze bedeuten nicht weniger, als eine Erneuerung anzustreben unserer Lebensgrundlage auf Erden, damit das Leben auf ihr weiterbestehen kann. Auf verschiedenste Weise nähern wir uns heute, wenn auch noch ungenügend, diesem Ziel.

Initiative im öffentlichen Leben

Das öffentliche Leben erfordert von uns allen die stärksten Aktivitäten, wenn diese auch meist verurteilt sind, im Sande zu verlaufen. Einer der Größten auf diesem Gebiete ist der jetzige Präsident von Tschechien, Vàclav Havel. Er schreibt aus dem Gefängnis unter bolschewistischer Macht die erschüttersten Briefe zu diesem Thema:

„Jeder von uns hat, kurz gesagt, die Möglichkeit zu begreifen, daß auch er – und sei er noch so bedeutungslos und machtlos – die Welt verändern kann. Jeder aber muß bei sich anfangen: Würde einer auf den anderen warten, warteten alle vergeblich. Es ist nicht wahr, daß das nicht geht: die Macht über sich selbst, wie sehr sie auch in jedem von uns durch Charakter, Herkunft, Bildungsgrad und Selbstbewußtsein problematisiert sein mag, ist das einzige, was auch der machtloseste von uns hat, und sie ist zugleich das einzige, das niemandem von uns genommen werden kann."[31]

Und auf Seite 110 lesen wir: *„Ich bin für eine Politik als praktische Sittlichkeit; als Dienst an der Wahrheit; als wesenhaft menschliche und nach menschlichen Maßstäben sich richtende Sorge um den Nächsten. Es ist wahrscheinlich eine in der heutigen Welt äußerst unpraktische Art und im täglichen Leben schwer anzuwenden. Trotzdem kenne ich keine bessere Alternative."*

„Man kann das Leben lange und sehr gründlich vergewaltigen, verflachen, abtöten, und trotzdem kann man es nicht zum Halten bringen. Wenn auch leise, langsam und verborgen – es geht weiter; es mag tausendmal sich selbst entfremdet werden – doch findet es wieder auf irgendeine Art zu sich selbst; es kann noch so

---

[31] Vàclav Havel: Am Anfang war das Wort, Reinbek 1990

vergewaltigt werden – doch wird es letzten Endes die Macht, die es vergewaltigt hat, überleben.
Und solange man das Leben nicht definitiv vernichten kann, kann man auch nicht die Geschichte zum Halten bringen. Unter der schweren Decke der Starre und des Pseudogeschehens fließt ihr kleiner, geheimer Strom weiter und unterwühlt langsam und unauffällig die Decke. Es kann lange dauern, aber eines Tages muß es kommen: Die Decke kann keinen Widerstand mehr leisten und fängt an zu bersten."

Initiativen der Jugend

Die Jugend wächst mit der Nahrung, die man ihr gibt. Vielleicht kann man das einmal so sagen. Sie ist heute im Zwiespalt zwischen einem überreichen Angebot an Konsumgütern und einem Mangel an inneren Werten. Zugleich wächst sie in einen Freiraum hinein ganz unbestimmbarer Größe. Dieser besteht im Abklingen bisher noch gültiger Werte und im Hervorkommen ganz offener Verhältnisse, die einmal später sich vielleicht verwirklichen lassen. Eine Lücke klafft tatsächlich, die ganz verschieden erlebt wird. Je nach Veranlagung trifft der Jugendliche auf Gleichgesinnte, und es entstehen die verschiedensten Einschätzungen der Lage.

Gegenüber früher tritt in heutiger Jugend ein starkes Bedürfnis nach Selbstverwirklichung auf. Dies ist natürlich schwer zu formulieren, denn es ist nur abwägbar im seelischen Bereich. Eine Jugend steht vor uns, die sich nicht abspeisen läßt mit toten Begriffen oder Vorstellungen, sie strebt nach „neuen Ufern" hin. Wir Erwachsenen sind meist nicht die richtigen Partner für diese Bestrebungen, denn an uns hängt ja der Ballast längst überholter Dinge. Und doch suchen auch sie unbewußt nach Vorbildern. Man kann auch nicht sagen, daß ihr Streben so leicht faßbar ist, weil es sich verliert in vielerlei Vorstellungen. Hinzukommt die gewichtige Tatsache, daß es an Lehrstellen und Arbeitsplätzen mangelt. Doch ungeachtet dieser Situation bleibt ihr Wille ungebrochen, und mit Recht dürfen wir auf ihn bauen in den schwierigen Jahren, die vor uns liegen. Der Lernprozeß, der zu gehen ist, ist weit gefächert, nur – sprechen wir dieselbe Sprache? Das ist sehr ernst zu nehmen, kann doch auch auf diesem Felde, wie fast überall, eine echte Kommunikation scheitern! Und was dann? Man wagt es nicht auszudenken, falls es zu tiefgehenden Differenzen kommen sollte. Und diese Möglichkeiten kann es durchaus geben, gefördert durch die Arbeitslosigkeit und anderes.

Neben dem Ernst, den die Jugend mehr spürt als sie es weiß, unterliegt sie natürlich auch leicht allen Verführungen, die heute der Markt bietet, das anonyme Auskosten aller möglichen Angebote, die aber nichts hinterlassen als leere Hülsen – und vor allem natürlich dem Drogenkonsum. Wir müssen uns ja sagen, daß der junge Mensch offen ist wie eine Schale letztendlich, daß er im Unterbewußten viel mehr spürt als wir ahnen. Ganz neue Kräfte bringt diese Jugend mit, auf die wir bauen können. Wir müssen dafür erst eine Antenne bekommen, um sie richtig einordnen zu können.

Wenn junge Menschen revoltieren, so ist das gewiß nur die Kehrseite ihrer eigentlichen Anliegen. Sie braucht auf jeden Fall echte, tragende Inhalte, auf denen sich aufbauen läßt, und das ist schwer zu vermitteln. Vielleicht liegt hier einer der Schwerpunkte, die wir im Auge haben müssen. Große Bilder inspirieren mehr als Worte. Wenn die Ketten zerreißen, die heute noch alles zusammenhalten, dann kann es entweder auf ein Nichts zugehen oder auf einen totalen Wandel. Das gilt es anzuschauen. Denn die Bande des heutigen trivialen Lebens, die alles noch verketten und verschnüren, ihre Lebensdauer wird nur mehr kurz sein. Sie werden abfallen wie eine lästige Bürde. Der Himmel spricht eine andere Sprache, und diesem sind unsere Jugendlichen noch nahe.

Das Schwierige der Situation scheint mir in dem Umstand zu liegen, daß wirkliche innere Arbeit gefordert wird, wenn wir weiterkommen wollen, und daß diese eben noch so wenig veranlagt ist. Der negative Zeitgeist spricht geradezu vom Gegenteil, dem Sich-Gehenlassen. Aber das ist im Grunde gar nicht gefragt. Es waltet Strenge in den jungen Seelen. Sie denken schon viel weiter in die Zukunft hinein, als wir es uns vorstellen können.

Schöpferisches Wollen begleitet die jungen Herzen. Das sind Zeichen der Wendezeit, das ist die Sprache des Erzengels Michael. Er ist der Führer zu neuen, fernen Zielen, und ganz gewiß wird er mit helfender Hand eingreifen. An uns Älteren wird es liegen, ob wir uns der Situation gewachsen zeigen, die keine leichte ist. Die Jugend erwartet es von uns, wenn auch unbewußt.

Die großen Jugendtagungen z. B. der Christengemeinschaft, sprechen diese neue, zukünftige Sprache. Da geschieht wirklich etwas! Eine andere Sprache wird hier gesprochen, Zukünftiges vereinigt die Anwesenden aus vielen Ländern. Das sind echte Ausgangspunkte für ein neues Wollen.

So möchte ich meinen, daß die Lage nicht hoffnungslos ausschaut. Zur Resignation besteht kein Anlaß. Unserer Jugend ist diese Haltung gewiß fremd. Bei allem dürfen wir uns vorstellen, daß es zwei Ebenen gibt, wo die Geschehnisse ablaufen: Einmal unsere hiesige, die sogenannte Wirkliche, und dann jene über uns, von der wir nur ahnen können, die aber ebenso „wirklich" ist, die Welt des Geistes, die wir im Schlaf betreten. Beide wirken zusammen über uns Menschen, ohne, daß es uns bewußt wird. Keime sind es, die hier auf Erden gesät werden und deren Wachsen wir verfolgen können. Was oftmals an Erstaunlichem in der Welt passiert, hat hier seinen Ursprung, wie zum Beispiel der Fall der Mauer. Die Welt über uns wird gespeist durch unsere Gedankenkräfte und wahren Empfindungen, wie auch durch unseren menschlichen Einsatz. Sie ist den Verstorbenen nahe, die durch sie zu uns sprechen wollen. So löst sich das Geschehen auf in viele unwägbare Vorgänge, die in einem großen Atem stehen, der Himmel und die Erde verbindet. Hierzu zählen auch die Katastrophen wie Erdbeben und Überschwemmungen, die immer häufiger die Erde erschüttern.

In diesem lebendigen Wechselspiel stehen wir alle darinnen mehr oder weniger bewußt. Die Jugend, von der wir hier sprechen, hat den Vorzug, noch unmittelbarer mit dieser Welt verbunden zu sein, die sie mit dem Eintritt der Geburt verlassen hat. Einem kleinen Kind ist es noch anzusehen, wie es von einem Schimmer unirdischen Lebens umgeben ist.

In der Seele ruhen jene Keime, die sich verwandeln wollen in lebendiges Tun. Möge es immer mehr gelingen, bei allem Traurigen, was in der Welt geschieht, diesen Acker des Lebens in uns zu bestellen, damit die Keime reifen können. Im Teil III lesen wir mehr von dieser Stimme.

Die Schicksalsstunde der Gegenwart

Wir haben von den verschiedensten Seiten her versucht, etwas von dem Spezifischen unserer Zeit darzustellen. Es obliegt uns nun, noch einen Schritt weiterzugehen.

Die Beteiligung des Menschen am Kulturschaffen ist mit dem Zuendegehen des 20. Jahrhunderts eine andere geworden. Er ist aufgerufen, seine Kräfte stärker als bisher in den Dienst größerer Zukunftsimpulse zu stellen. Es genügt nicht mehr, im engeren Kreis seiner Privatsphäre zu bleiben. Dazu kommt ein weltweites Interesse, was von jedem Einzelnen im Grunde gefordert wird. Wir sind in das Zeitalter einer globalen Informations- und Kommunikationsbewegung eingetreten. Es ist gleichsam ein Sprung nach vorn geschehen in einem Ausmaß, das nie vorauszusehen war. Das sind aber nur die weitgesteckten Grenzen. In allen Sphären des modernen Lebens in den zivilisierten Ländern hat sich ein ungeheurer Umschwung vollzogen. Namentlich der Computer brachte in unser Zeitalter einen ganz neuen Impuls, einen andersartigen Stil. Es beginnt, auf diesem Wege etwas selbständig zu werden und dem Menschen zu entfallen bis hin zu den dunkeln Seiten unserer Zivilisation. (Für die Medien soll neuerdings ein TÜV eingerichtet werden.)

Ich betone das nur, um darzustellen, was zu bewältigen ist. Das Positive dieser Entwicklung ist ohne weiteres zu sehen, wie aber auch das Negative. Welche Anstrengungen werden nötig sein, um diese ungeheure Maschinerie mit <u>Seele</u> zu erfüllen! Es ist kaum vorstellbar!

Aber bleiben wir bei dem Wort Umschwung. Es bedeutet Verstärkung der Seelenkräfte des Menschen. Das ist einsehbar. Man könnte mit anderen Worten auch sagen, daß wir eine Gratwanderung begonnen haben.

Gehen wir von der Ich-Situation des Menschen aus, wie sie heute in unserer Zeit zu erleben ist, so begreifen wir am ehesten, worum es geht. Das Ich ist das Geistige im Menschen. Dieses ist aufgerufen, verstärkt tätig zu werden. Mit größerem Interesse für die Umwelt, mit stärkerer Begeisterungskraft muß es sich ausrüsten, um gegenüber diesen neuartigen Gewalten zu bestehen.

Nun müssen wir aber auf die Hintergründe aufmerksam werden, um die Gegenwart zu begreifen.

Die Menschheitsentwicklung hat sich insofern gewandelt, als sich die den Menschen führenden höheren Geister stärker zurückgezogen haben. Das ist Weltenschicksal. Die Menschheit ist seit dem Ende des vorigen Jahrhunderts ausersehen, mitbestimmend für die Zukunftsentwicklung auf dem Erdenplan zu werden aus voller Freiheit heraus. Sie tritt mit anderen Worten verstärkt in den Willensstrom der Geschehnisse herein. Der Erzengel Michael ist, wie wir sahen, der Führer auf diesem Wege.

Es geht aber um weit Größeres in diesem gewaltigen Geschehen, gemessen an der Schicksalsstunde der Gegenwart. In die Freiheit des Menschen ist es gelegt, den Beitrag zu liefern, nach welcher Richtung es weitergehen soll: Entweder aus der Talsohle, in der wir uns befinden, aufwärts den göttlichen Weltenzielen entgegen, oder aber zu versacken in ein „Nichts", in den Verlust der Nähe unseres führenden Zeitgeistes, was aber unvorstellbare Folgen hätte.

Christus will uns, wie es Rudolf Steiner beschreibt, auf diesem so schweren Wege nahe sein. Das Christentum ist in ein Verwandlungsstadium eingetreten.

In einem Vortrag vom 15. Dezember 1916 gibt Rudolf Steiner folgende Prognose: *„Diejenigen Menschen, welche heute solche Impulse aus der geistigen Welt empfangen, welche heute wissen um die Wahrheiten und Erkenntnisse, die herein müssen in die Menschheitsevolution, sie wissen das Folgende: Wenn nicht* *durch diese von solchen zu handhabenden Wissenschaften der Initiation befruchtet wird dasjenige, was wir Naturerkenntnis nennen, dasjenige namentlich, was wir Kunst nennen, so geht die Menschheit einem raschen Verfalle, einem furchtbaren Verfalle entgegen. Lassen Sie drei Jahrzehnte noch so gelehrt werden, wie an unseren Hochschulen gelehrt wird, lassen Sie noch durch dreißig Jahre so über soziale Angelegenheiten gedacht werden, wie heute gedacht wird, dann haben Sie nach diesen dreißig Jahren ein verwüstetes Europa..."*[32]

Das spricht Bände!

Grenzwege sind solche erhöhten Bewußtseins, sie bringen Gefahren mit sich. Wer sie wachen Auges geht, kann bestehen. Wir beginnen erst die Tiefen zu ahnen, die sich um uns ausbreiten. Einer derer, der weiter schauen konnte in der Gegenwart, ist Joseph Beuys, der einmal schrieb: „*Die Christuskraft, das Evolutionsprinzip, kann nur aus dem Menschen hervorbrechen, denn die alte Evolution ist bis heute abgeschlossen. Das ist der Grund der Krise. Alles, was an Neuem sich auf der Erde vollzieht, muß sich durch den Menschen vollziehen.*

Wer mit dem inneren Auge zu sehen lernt, der sieht, daß der Christus längst wieder da ist. Nicht mehr in einer physischen Form, aber in der bewegten Form einer für das äußere Auge unsichtbaren Substanz. Das heißt, er durchweht jeden einzelnen Raum und jedes einzelne Zeitelement substanziell. Also er ist ganz nah da ... Die Form, die diese Verkörperung Christi sich in unserer Zeit vollzieht, ist das Bewegungselement schlechthin. Der sich Bewegende ... Es ist also das Auferstehungsprinzip: die alte Gestalt, die stirbt oder erstarrt ist, in eine lebendige, durchpulste, lebensfördernde, seelenfordernde, geistfördernde Gestalt umzugestalten. Das ist der erweiterte Kunstbegriff."

(Man muß wissen, wenn man diese Zeilen verstehen will, daß Joseph Beuys der Anthroposophie sehr nahe stand.)

---

[32] Rudolf Steiner: Die Sendung Michaels, GA 174

Lassen wir hier noch die Malerin Paula Modersohn-Becker zu Wort kommen. Sie schrieb im Jahre 1906 an ihre Mutter: *„Wie kann man das Leben verstehen, wenn man es nicht auffaßte als das Arbeiten eines jeden Einzelnen am Geiste, man kann wohl sagen, am Heiligen Geiste. Der eine tut es mit mehr, der andere mit weniger Inbrunst. Aber ein jeder, auch der Kleinste, gibt sein Scherflein dazu."*[33]

Wir dürfen von einer Morgenröte wissen, so wird es beschrieben, die über unserer Gegenwart liegt. Rudolf Steiner führte einmal in einem Vortrag aus: *„Denn dadurch, daß sich Materialismus immer mehr verbreitet, verbreitet er sich auch in die geistigen Welterscheinungen hinein, und da wirkt er besonders schlimm. Da könnte er dazu führen, daß die Menschen nicht verstehen werden dasjenige, was im Geiste erfaßt werden soll, auch wirklich im Geiste erfassen, daß sie es suchen werden in der materiellen Welt ... Das sollte ja eben kommen, daß der Mensch eine Verbindung finden sollte zum Geistigen aus seinem I c h heraus – und da aus dem tiefsten Kern seines Wesens durchdringen konnte mit dem Bewußtsein: Ich gehöre einem göttlich-geistigen Reiche an ... Nicht umsonst ist der Mensch so in die physische Welt hinunterversetzt worden: hier müssen wir uns das aneignen, was zum Verständnis des Christusimpulses führt. Für alle Seelen, die leben, ist Geistesforschung die Vorbereitung auf das Christusereignis, das uns in der nächsten Zukunft bevorsteht."*[34]

Wenn wir ein Wort aus dem Vermächtnis unserer Toten aus dem 2. Weltkrieg hören – siehe Teil drei – wie dies: *„Es gibt nur ein Problem, ein einziges: es gilt wieder zu entdecken, daß es ein Leben des Geistes gibt, das noch höher steht als das Leben der Vernunft und das alleine den Menschen zu befriedigen vermag"* (Saint-Exupéry), sollte es gelingen, daß wir wieder da anknüpfen dürfen, an diesen stillen Botschaften aus einer anderen Welt, oder aber auch an den neuen Impulsen, die unsre Jugend aus der geistigen Welt mitbringt, dann werden wir die Schicksalsstunde, in

---

[33] in: Diether Rudloff: Unvollendete Schöpfung, Künstler im 20. Jahrhundert
[34] Rudolf Steiner: Der Christusimpuls und die Entwicklung des Ichbewußtseins. GA 116

der wir stehen, richtig durchtragen zu einem Wiederaufstieg der Menschheit.
„Wir sind auf einer Mission. Zur Bildung der Erde sind wir berufen." (Novalis)

* * *

Dag Hammarskjöld war einer von denen, die um die Schicksalsstunde der Gegenwart wußten. Er schrieb im Jahr seines Todes einen Brief an Martin Buber in Jerusalem, der, so könnte man denken, testamentarischen Charakter hat:

„5. September 1961
An Professor Martin Buber. Jerusalem
Dear Professor Buber,
da mein Freund, John Steinbeck, dabei ist, Ihr Land zu besuchen, möchte ich mit ihm meine warmen persönlichen Grüße senden ... Er ist, wie Sie wissen werden, einer jener Beobachter des Lebens in unserer Generation, der spürt, daß ihr Überleben abhängen wird von unserer Fähigkeit, uns selbst zu erkennen und an den grundlegenden menschlichen Werten festzuhalten mit dem Willen, zu zahlen, was es kosten mag.
Ich weiß, daß Sie keine Zeit haben mögen, ihn zu empfangen, aber ich weiß auch, daß Sie sehr glücklich sein würden, wenn Sie es könnten – und so würde ich es sein.
Mit freundlichsten Grüßen,
Dag Hammarskjöld"

Teil II

Der Weg nach innen

Das höchste Erlebnis auf der Erde ist eben doch der Mensch. Man segnet die Erde um eines einzigen Menschen willen, den man erlebt hat. Man erfährt durch ihn eine Menschenweihe, wie man sie vorher gar nicht ahnte.

Friedrich Rittelmeyer
(geschrieben für Michael Bauer)

Vom Bild des Menschen

Die menschliche Gestalt mag uns einmal in ihrer Aufrechte wie ein Urbild, ein Urgedanke vor Augen stehen. Welten bauen daran über Jahrmillionen. Aus diesem Bilde leuchtet heraus das „Ich bin".

Es ist nichts „Zufälliges" am Menschen. Er ist ganz und gar durchdrungen von seiner Geistgestalt. Durch ihn trat Gottes Wort in die Welt. Dieses Wort spricht ein „Werde", das als Keim in uns ruht.

Wir sind Beschenkte und sind zum Leben erweckt. Ein Stück Kindheit vermag uns zu umleuchten. Vor uns steht der Tod in einer uns zunächst fremden Gestalt. Er bedeutet nicht Ende sondern Neubeginn durch die Tat Christi.

Schicksal begleitet uns. In dieses sind eingeschrieben alle vorangegangenen Erdenleben. Es gibt keinen Zufall im Leben. Einst werden wir es erkennen, daß wir geführt wurden.

Die Menschheit ist eine große Gemeinschaft über alle Kontinente hinweg, sie ist der ganze Mensch. Noch bekriegen sich viele Völker in Unkenntnis ihrer gemeinsamen Aufgabe hier auf der Erde. Ein tragisches Schicksal, was zutiefst uns alle angeht.

Wie wir schon sahen, ist mit dem Menschen, so wie er vor uns steht, auch sein geistiges Urbild gegeben. Das steht hinter der äußeren Erscheinung. In jeder Nacht, im Schlafe, halten wir Zwiesprache mit diesem unserem höheren Ich.

Wir wachsen durch unser Leben immer stärker hinein in die irdischen Zusammenhänge, jeder auf seine Weise. Wir sind so lange unfrei, als wir nicht über den Dingen stehen, sondern uns treiben lassen. Jedoch ist es ein Ideal, den Anforderungen des Lebens gewachsen zu sein.

Noch vor 100 Jahren etwa war es möglich, aus der Kenntnis seines Umfeldes entsprechend sinnvoll zu handeln. Diese Verhältnisse haben sich grundlegend gewandelt. Wir sind täglich mit sehr vielen Dingen konfrontiert, die wir nicht richtig einschätzen können. Die größte Schwierigkeit ist aber die Schnelligkeit, der rasche Wechsel der Sinneseindrücke in den Städten, und vieles mehr.

Wenn die Harmonie von Geben und Nehmen gestört ist, dann verlieren wir an „Menschlichkeit", weil wir in die Defensive gedrängt werden.

Das F ü h l e n ist das Empfangsorgan für dieses unmittelbare Mitschwingen, es leidet unter jeder Unregelmäßigkeit. Mit dem d e n k e r i s c h e n Erfassen der Welt tun wir uns besonders schwer, weil sich die vielen technischen Einrichtungen, mit denen wir täglich umgehen, weitgehend unserem Verständnis entziehen. Das W o l l e n kommt deshalb in Schwierigkeiten, weil wir sehr leicht in Handlungsverzug geraten durch die Fülle dessen, was von uns gefordert wird.

Nun steht den seelischen Momenten gegenüber das „ICH" des Menschen, sein Selbst. Es kann gar nicht mit Worten umschrieben werden, was uns mit dem „Ich" gegeben ist. Es ist im Grunde ein Reichtum ohnegleichen. Im Ich leuchtet all das auf, was uns durch die vielen Inkarnationen, die hinter uns liegen, mitgegeben wurde. Doch wissen wir nichts davon. In der täglichen Aufgabenstellung liegt es, aus den Quellen unserer inneren Möglichkeiten zu schöpfen. Das gelingt einmal mehr, das andere mal weniger. Leider müssen wir feststellen, daß unser innerer Freiraum kaum mehr gefragt ist. Die Bürokratie ist derart angewachsen, daß jeder einzelne mehr oder weniger zum „Handlanger" degradiert wurde. Er wird verwaltet.

Wenn wir die Fülle alles U n - M e n s c h l i c h e n , was heute geschieht, betrachten, so stellen wir einen ungeheuren Werteverlust fest. Dieser geht so weit, daß wir schon gar nicht mehr wissen, welcher Einsatz sich lohnt in unserer Zeit. Was heute besteht, kann morgen schon vom Tische gewischt sein. Wir haben buchstäblich das rechte Maß der Dinge verloren und schweben im Unbestimmten.

Doch kehren wir zum Bild des Menschen zurück. Wir müssen uns vorstellen, daß Geist – Seele – Körper im Grunde eine Einheit darstellen und eines auf das andere wirkt. Das Unbefriedigende des öffentlichen Lebens hat tiefgreifende Folgen: es besteht eine innere Orientierungslosigkeit der einzelnen Wesensglieder. Wenn zum Beispiel das D e n k e n keinen echten Bezug mehr zum F ü h l e n hat, dann wird es abstrakt, intellektuell. Es verankert sich schließlich in den Begehrlichkeiten des Körpers und lebt sich aus in dem reichen Angebot auf genießerischer Ebene. Damit tritt aber der Verlust zentraler Werte ein, die uns erst zum Menschen machen. Wir entarten zu einem Wesen mit tierischen Verhaltensmustern. Das finden wir heute schon. Es gibt natürlich noch andere Versuchungen, denen unser Denken leicht unterliegen kann.

Das W o l l e n bedarf der stärksten Stütze, um nicht allein gelassen zu werden. Es hat sonst die Tendenz zum Unmäßigen, zum Aggressiven. Von unzähligen Beispielen, die wir kennen, möchte ich nur eines hervorheben, der Drang der Jugend nach den Pop-Festivals, wo sich viele Tausende in großen Arenen vereinigen, um sich nächtelang mit wüstesten, ohrenbetäubenden Klängen zu berauschen. Auch jede Gewaltanwendung, jedes Verbrechen, gehört hier her.

Das F ü h l e n nun, jenes zarteste Wesensglied, wie unendlich muß es oftmals leiden unter der Last all der Nichtigkeiten, der Hohlheit, von der wir umgeben sind. Es kommt darum leicht auf die falsche Fährte und gefällt sich in allen möglichen sentimentalen Ersatzerlebnissen, wie sie die Medien zum Beispiel anbieten. Auch auf die erotische Ebene kann es abgleiten.

Stellen wir nun einmal dieser traurigen Bestandsaufnahme gegenüber fest, wodurch wir als Menschen in der Lage sind, dem entgegenzutreten. Von allen Eigenschaften die der Mensch besitzt, wollen wir zunächst eine betrachten, das ist seine Opferbereitschaft in der Hingabe an die Welt. Nichts hindert ihn daran, in aller Freiheit Wege zu suchen, die diesem Ziele entsprechen.

„Dieses Suchen ist im allgemeinen kein anderes als das Suchen des modernen Menschen nach dem Menschen selbst. Wenn man sich noch so sehr Mühe gibt, zusammenzufassen, was Suchen auf den verschiedensten Gebieten ist, so findet man überall: Die

Menschen suchen eigentlich das Rätsel ihres eigenen Selbst, das Rätsel des Menschen zu erforschen."[35]

Das betrifft sicher auch unser Beispiel von der Opferbereitschaft. Hingabe bedeutet Verzicht. Sie ist eine Eigenschaft der Seele. Das Leben lehrt uns in vielen Abstufungen, hiervon Gebrauch zu machen. Es ist ein Lernprozeß, denn immer will uns die Eigenliebe, der Egoismus, daran hindern. Geben und Nehmen müssen sich die Waage halten. Beides hat seine Berechtigung., die jedesmal neu ins Gleichgewicht gebracht sein will. Im Schicksal eines Menschen liegt es, wie sich die Schwerpunkte verteilen, und in seiner charakterlichen Anlage.

W a h r h e i t – S c h ö n h e i t – G ü t e erweisen sich als Schlüsselworte für das Fortbestehen unserer Menschengemeinschaft. Sie umschließen die Welt des Menschen. In dem Zeichen der W a h r h e i t finden wir uns zusammen, um den Lebensauftrag zu erfüllen. *„Nichts befestigt so sehr das ursprüngliche, echte Seinsgefühl des Menschen als der Sinn für Wahrheit und Wahrhaftigkeit":*

S c h ö n h e i t ist der innere Atem unserer Welt, das Gewand, das alles Irdische umkleidet. *„Sie können sich das ja am allerbesten klarmachen dadurch, daß Sie daran denken, welche Bedeutung in einem wirklich Schönen gegeben ist, das durch die Kunst hervorgebracht wird ...*

Nun ist es aber so, daß eigentlich der Mensch nicht im wahren Sinn des Wortes Mensch sein kann; wenn er nicht einen Sinn für die Schönheit hat" (R. Steiner)

G ü t e trägt unsere Fehler, duldet das Unvollkommene, hebt alle Kränkung auf. In diese drei Welten hinein müssen wir uns wandeln, um zu bestehen. Die K e h r s e i t e ist uns Heutigen sehr deutlich. Sie beherrscht das öffentliche Leben. Aber wir müssen hindurch und D a n k b a r k e i t und G e l a s s e n h e i t üben, denn diese sind es, auf denen wir innerlich stehen.

Was uns zu tun obliegt, ist zunächst ein Kleines, ein Anfang. Aber dieser wird wachsen, und wir werden langsam ein neues Seinsgefühl entstehen sehen.

---

[35] Rudolf Steiner, Vortrag vom 2. 12. 1921, GA 79

Vom Verlust der Mitte

> Mein Mittelpunkt hat keine Kraft;
> Nichts reißt mich mehr in mich herein.
> Von allem bin ich hingerafft
> zu tausendfach zerstäubtem Sein
> Franz Werfel

Wir leben in einer Zeit des Schwarz-Weiß. Für und Wider stehen sich überall aufs Krasseste gegenüber. Es fehlt die ausgleichende Mitte, wo wir auch hinschauen, wie es Franz Werfel so schön formuliert hat.

Die Mitte hat auch etwas Heilendes an sich, sie erfüllt eine wichtige Aufgabe im Lebendigen. Im menschlichen Organismus ist das ganz besonders deutlich. Es gibt keine größeren Gegensätze als das Nerven-Sinnes-System (Kopf) und den Stoffwechsel (Leib). In der Mitte zwischen den Polen befindet sich Herz und Lunge im Brustraum, die rhythmisch zusammenwirken. Vier Herzschläge kommen auf einen Atemzug. Das ist eine interessante Gesetzmäßigkeit. Es besteht aber eine weit größere Beziehung, nämlich die des Sonnenumlaufes durch den Tierkreis – gemessen an der Verschiebung des Frühlingsaufgangspunktes der Sonne: dieser benötigt 25.920 Jahre, um ein mal den Tierkreis zu durchwandern. Das entspricht den Atemzügen des Menschen innerhalb von 24 Stunden, bei 18 Atemzügen in der Minute: Es sind ebenfalls im Durchschnitt 25.920.

Derartige Beziehungen sind nichts Zufälliges, sie interessieren die Wissenschaftler erstaunlicherweise aber kaum. Die Atmung verbindet somit den Menschen mit dem Kosmos, mit dem Lauf der Sonne. Atmen bedeutet für das Menscheninnere auch ein „Sprechen" im Aus- und Einatmen. Bis tief in die Welt der Organe tritt der kosmische Atemstrom ein, der belebt, um dann, mit „Schlacken" erfüllt, wieder den Körper zu verlassen.

Der Umkreis der Mitte schließt die Polaritäten ein, die für sich allein gelassen, niemals ihre Funktion erfüllen könnten.

Das Herz insbesondere ist das Organ der Mitte, wo sich das Seelisch-Geistige mit dem Körper verbindet. Man sagt ja auch: „Er hat das Herz auf dem rechten Fleck". Gemeint ist damit eine konkrete Beziehung zur Wirklichkeit des Menschen.

Die Mitte kommt uns entgegen in vielen geometrischen Formen, z. B. in der Lemniskate. Hier bedeutet sie Umkehr im Kräftespiel: innen wird außen und umgekehrt. Es ist wie ein Anhalten für einen kurzen Moment in der Mitte.

Die tätigen Arme und Hände des Menschen, sie kommen unmittelbar aus diesem Bereich. „Die Linke kommt vom Herzen" – heißt es. So tragen wir die Möglichkeiten des liebevollen Tuns im wahrsten Sinne nach außen bis in der „Hände Werk".

Es gibt Menschen, vor allem sind es Frauen, die ganz aus der Mitte leben. Es geht ihnen alles leicht von der Hand. Sie leben aus dem Wandel ihrer Tätigkeiten und werden dabei kaum müde. – Das Herz schlägt immer, so lange wir leben. Es scheint der Inbegriff des Unvergänglichen zu sein, des Ewigen im Menschen. Das Herz ist „wach"!

Von allen Krankheiten stehen die des Herzens und des Kreislaufs an der Spitze. Das kommt nicht von ungefähr. Hier erweist sich unsere Schwäche am deutlichsten, an diesem zarten Gebilde. Es leidet unter der Hektik des Lebens, wie auch unter allen Unregelmäßigkeiten, an der Genußsucht usw., an dem materiell ausgerichteten Leben überhaupt.

Es erübrigt sich fast, hinzuzufügen, daß natürlich auch größere Gemeinschaften das heilsame Element der Mitte nicht entbehren können. Menschen, die hierin stark sind, werden die Wellen im Streite glätten und das Negative ins Positive wandeln.

Im Ganzen muß aber zusammenfassend gesagt werden: Die Mitte ist heutzutage stark geschwächt. Es ist ein bitterer Verlust für alles Soziale, das unsere Gemeinsamkeit aufbaut. Man kann aber daran arbeiten, und diese Bemühungen tragen sehr bald Früchte.

Das Gleichgewichtswirken der Seele, mit dem Sinn für das Gute, hat hier seinen Platz, und fruchtbare Gedanken sprießen auf, die dem Geiste Nahrung bringen.

Kanzler von Müller berichtet im Jahre 1818 von einem Besuch bei Goethe:

"Goethe, dem über die heiligsten und wichtigsten Anliegen der Menschheit so selten ein entschiedenes Wort abzugewinnen ist, sprach diesmal über Religion, sittliche Ausbildung und letzten Zweck der Staatsanstalten mit einer Klarheit und Wärme, wie wir sie noch nie an ihm in gleichem Grade gefunden hatten. Das Vermögen, jedes Sinnliche zu veredeln und auch den totesten Stoff durch Vermählung mit der Idee zu beleben, sagte er, ist die schönste Bürgschaft unseres übersinnlichen Ursprungs. Der Mensch, wie sehr ihn auch die Erde anzieht mit ihren tausend und abertausend Erscheinungen, hebt doch den Blick forschend und sehnend zum Himmel auf, der sich in unermeßlichen Räumen über ihm wölbt, weil er es tief und klar in sich fühlt, daß er ein Bürger jenes geistigen Reiches sei, woran wir den Glauben nicht abzulehnen noch aufzugeben vermögen.

Es war, als ob vor Goethes innerem Auge die großen Umrisse der Weltgeschichte vorübergingen, die sein gewaltiger Geist in ihre einfachsten Elemente aufzulösen bemüht war."[36]

Goethe vereinigte in sich zwei Welten über die Kraft der Mitte wie kein anderer. In ihm wurde das tiefste Geheimnis der menschlichen Organisation Wirklichkeit.

Wenn wir auch heute statt Reichtum oftmals Leere in diesem innersten Bereich der Seele empfinden, so darf doch vielleicht dieses als eine Art Hoffnungsschimmer gesagt werden: Kann es nicht sein, daß wir gerade dadurch etwas erfahren dürfen von dem unendlichen Reichtum, der sich uns schenken will? Wir sind Dürstende geworden, Verlassene. Aber aus der Not heraus mag das Neue, Aufwärtsführende, erprießen.

"Große Gedanken und ein reines Herz, das ist es, was wir uns von Gott erbitten sollten."

Goethe

---

[36] Aus „Goethe erzählt sein Leben", Hamburg 1950

Die Erkenntnisfrage

Die Erkenntnisfrage ist die umfassendste, die *wir* kennen. Sie gipfelt in einem neuen Seinsgefühl, in dem Zusammenklang von Kosmos, Erde und Mensch. Nach der Tiefe im eigenen Inneren, wie auch nach außen hin bis zur Peripherie der sichtbaren Welt, wendet sich der erkennende Blick. Er versucht, die Einheit in der Vielheit zu finden, das heißt, den geistigen Zusammenhang. Bei A r i s t o t e l e s lesen wir: *„Die betrachtende Tätigkeit des Geistes zeichnet sich offenbar durch ihren Ernst aus, verfolgt kein außer ihr liegendes Ziel und trägt eine ihr eigentümliche Lust in sich, die ihr noch eine gesteigerte Kraft verleiht. So zeigt sich denn, daß mit dieser Tätigkeit die Selbständigkeit, die Muße, die Freiheit von Ermüdung, soweit diese dem Menschen erreichbar ist, und was man sonst noch dem Glücklichen an Vergnügen beilegt, verbunden ist. Darin bestünde also die vollkommene Glückseligkeit des Menschen, zumal wenn sie ein volles Menschenleben lang dauert, denn zur Glückseligkeit darf nichts fehlen. Ein solches Leben wäre ja nun wohl höherer Art, als es dem Menschen gemäß ist, und er wird es deshalb auch nicht führen können, insofern er Mensch ist, sondern nur, insofern er etwas Göttliches in sich trägt. Um so mehr als dieses Göttliche das zusammengesetzte Wesen des Menschen übertrifft, ist auch seine Tätigkeit der aller anderen Tugenden überlegen. Wenn also der Geist im Verhältnis zum Menschen etwas Göttliches ist, so ist es auch das Leben im Geist im Verhältnis zum gewöhnlichen menschlichen Leben. Daher darf man nicht den Männern folgen, die uns ermahnen, als Menschen auf Menschliches und als Sterbliche auf Sterbliches unseren Sinn zu richten, sondern wir sollen uns, soweit es möglich ist, unsterblich machen und alles tun, um dem Besten, was in uns ist, gemäß zu leben. Denn, auch im kleinen Maße, überragt es doch an Kraft und Wert alles andere um vieles. Ja es scheint sogar, daß in ihm das Wesentliche eines jeden Menschen liegt, insofern er das Beherrschende in ihm und sein besseres Ich ist; und so wäre es denn widersinnig, wenn jemand nicht sein eigenes Leben wählen wollte, sondern ein fremdes. Und was wir früher* *einmal sagten, wird auch damit im Einklang stehen: das, was jedem seiner Naturanlage nach eigentümlich ist, ist für ihn das Beste und Lustvollste. Dies ist für den Menschen das Leben im Geist, sofern der Geist das Wesentliche am Menschen ist, und dieses Leben also ist das Glückseligste."*[37]

Im Geist kann sich das Göttliche im Menschen auswirken und „wir sollen alles tun, um dem Besten, was in uns ist, gemäß zu leben." Auch wenn sich heute viele Hindernisse aufbauen, so hindert es nicht daran, Schritte in dieser Richtung zu gehen. Es ist ein Wandlungsprozeß, der sich vollziehen soll. Der Sinnesteppich ist allerdings so dicht, daß kaum mehr Möglichkeiten zu einem sinnvollen, mehr innerlichen Tun bestehen. Es ist ein Kreislauf, in dem man wohl oder übel mitlaufen muß. Auch nach der anderen Seite, nach innen, ist es ähnlich. Besinnliche Momente im Tageslauf zu finden, ist schier unmöglich für den Berufstätigen.

Und es bedarf anhaltender Energie, des abends oder früh, die ruhigen Momente zu nutzen. Wem es gelingt, der hat einen Quell der Erneuerung gefunden. Die Folgen unserer Verhältnisse, wie wir sie überall antreffen, sind unübersehbar. Ohne schwarz zu malen, ist doch zu sagen, daß wir uns immer weiter von unserem Mittelpunkt entfernen und wie auf totem Gleise einhergehen.

Die Hilfen, die uns gegeben werden können, hat Hermann Poppelbaum folgendermaßen geschildert: *„In den von Rudolf Steiner empfohlenen Übungen der Seele liegt die Möglichkeit zum stufenweisen Überführen der krank werdenden Impulse in das Werden eines neuen Zustandes. Die Menschheit soll den Schritt in ein kommendes Bewußtsein tun, aber es muß ein tätiger Schritt sein, sonst könnte ein Rückschritt geschehen.*

Ein neues Verhältnis zur Sinnenwelt wird zunächst gepflegt. Sorgfältige Beobachtung der Naturerscheinungen, hingebendes Aufnehmen der sich offenbarenden Naturwesen ist eine der Hauptbedingungen. Es kommt dabei auf eine lebhafte Teilnahme des ganzen Menschenwesens an solchen Beobachtungen an. Der beobachtende Mensch soll sich dabei von allem eigensüchtigen Mitsprechen bloß persönlicher Empfindungen frei-

---

[37] Jean M. Zemb: Aristoteles, Reinbek 1961

halten, aber er soll dann «in aller Stille nachklingen lassen, was er erlebt hat». Auf diese Weise wird das Erkenntnisvermögen gepflegt und gestaltet sich nach und nach zu einem Organe aus, das an dem Weisheitsgehalte der Welt gebildet ist wie nach Goethes Ausdruck, das Auge am Licht.

Diese Übungen im Anschauen der Welt, im Hören auf Äußerungen ihrer Töne, der tierischen Stimme, der menschlichen Rede führt zu einer Verbundenheit, in der sich Beobachtung und Verstehen durchdringen. Das Eigenwesen des Menschen läutert sich durch das hingebende Lauschen und darf dann wieder m i t s p r e c h e n. Es ist so objektiv geworden wie der im Denken gefundene Begriff schon objektiv ist. Das I n n e r e des Menschen fängt an, zureichende Auskunft über die W e l t zu geben, es ergreift den Teil von ihr, der den Sinnen entzogen ist, und der doch untrennbar zu ihr gehört. Es ist dem heutigen Menschen vielleicht noch unvorstellbar, bis zu welchem Grade auf diesem Wege das Innenwesen zum objektiven Vermittler eines Teiles der Umwelt werden kann. Aber die Richtung wird schon von den ersten und einfachsten Erfahrungen gewiesen: es ist wie in der Sinnenwelt wirksame Geistwelt selber, die sich den geläuterten Seelenorganen aufschließt.“[38]

In jeder vergangenen Zeitepoche lebte der Mensch sich anders dar. Wir finden ganz unterschiedliche Verhaltensweisen, andere Lebensbedingungen in den verschiedenen Jahrhunderten. Die Geschichte der Menschheit trägt die fernste Vergangenheit in sich wie auch Vorzeichen einer späteren Zukunft. In einen lebendigen Strom sind wir als Menschheit hineingestellt.

Was uns heute an der Schwelle zu einem neuen Jahrtausend prägt, ist uns sehr deutlich bewußt. Wir leben mit und durch diese Zeit, die erfüllt ist von den neuesten technischen Errungenschaften mit allen Begleiterscheinungen.

Alte Menschen träumen von ihrer Jugend zum Beginn dieses Jahrhunderts, wo es sich noch viel ruhiger lebte, wo keine Autos das Tempo regierten.

---

[38] Hermann Poppelbaum: Kampf um ein neues Bewußtsein, Dornach 1991

Was sich aber vor allem geändert hat ist die Bewußtseinshaltung. Und wir erleben heute bereits eine heranwachsende Generation mit wiederum ganz eigenen Vorstellungen. Der schnelle Wandel gerade in unserer Zeit hat etwas aufregendes, als verkürzten sich die Zeitspannen erheblich.

Was uns das sagen will, liegt zunächst außerhalb von unserem Bewußtsein, wenn uns auch viele Fragen zutiefst bewegen. Es ist ja nicht einerlei, in welcher Unruhe und Hektik die Kinder aufwachsen, beraubt um ihre kindliche Unbefangenheit.

Nach zwei Seiten erscheint das Verhältnis des Menschen heute gestört: Einmal der Natur gegenüber und zum anderen zu sich selbst. Das ist verhältnismäßig leicht nachzuvollziehen.

Von Goethe stammt das Wort: „*Was bleibt dem Naturforschenden, ja einem jeden Betrachtenden endlich übrig, als die Erscheinungen der Außenwelt mit sich in Harmonie zu setzen.*" Wie schwer ist diese Forderung aber heute zu erfüllen, wo die Disharmonie vorherrscht! Stehen wir am Ende oder am Anfang einer Entwicklung? Oder kann man sich vorstellen, daß es weitere Steigerungen des heute vorherrschenden, rein materialistischen Weltbildes gibt? Sicherlich kann man das, wie auch nach der anderen Seite, nach innen, sich das Gleiche denken. Da kommen wir letztendlich zum Seelentod, wo alles ausgelöscht ist, was den Menschen zum Menschen macht, nämlich Glaube, Liebe, Hoffnung. Natürlich wehrt sich in uns alles gegen diese letzte Konsequenz des Materialismus, der ja an rechter Stelle durchaus seine Berechtigung hat

Es ist tröstlich, Worte Goethes zu unserem Problem zu lesen, weil seine Gedanken einfach heilend sind: „*Was ist im Grunde aller Verkehr mit der Natur, wenn wir auf analytischem Wege bloß mit einzelnen materiellen Teilen uns zu schaffen machen und nicht das Atmen des Geistes empfinden, der jedem Teile seine Richtung vorschreibt und jede Ausschweifung durch ein innewohnendes Gesetz bändigt oder sanktioniert?*"

Doch Goethe wird heute nicht gehört werden, denn sein Ansatz zum Naturverstehen ist sehr weit von dem unseren entfernt: „*Die vernünftige Welt ist als ein großes unsterbliches Individuum zu betrachten, das unaufhaltsam sich sogar über das Zufällige zum Herren macht."*

„Irrtum verläßt uns nie; doch ziehet ein höher Bedürfnis immer den strebenden Geist leise zur Wahrheit hinan."

Das Gebet

Es gibt die Hinwendung zu Gott, dem tragenden Grund unseres Seins. Ich kann nur beten aus dem Innersten meines Wesens heraus, aus der Empfindung, daß ich in großer Schuld stehe, einsam, auf mich selbst gestellt. Ich bete nicht nur um meiner selbst willen, sondern, weil ich mich als Glied der gesamten Menschheit empfinden kann. Wenn ich bete, bin ich für wenige Minuten ganz im Gespräch mit Gott, ganz herausgelöst aus dem Alltag. Es gleicht einer Bergbesteigung, wo ich den Gipfel weit entfernt von mir, ganz oben, empfinde. Jeder geht einen anderen Weg, und doch ist es der eine. „Die Menschheit betet", gibt es ein größeres Wort? Wir sind angeschlossen an ein Reich, was nicht von dieser Erde ist, wo alles Trennende verfliegt wie ein unnötiger Ballast. Beten heißt Verzicht auf mein Persönliches, und doch bin ich, wie sonst nie, im Beten ganz persönlich angesprochen. Das birgt ein Geheimnis in sich. Es geht um das Höhere in mir, das nie ganz in die Erscheinung tritt, das „Ich in mir". Jener Keim will wachsen, er will gepflegt, angesprochen sein. Für Augenblicke darf ich eintauchen in etwas, was ich noch gar nicht selber bin. Gnadenwelten berühren uns im Gebet. Sie kennen mich und meine Schwächen, wissen um Vergangenes und Zukünftiges, um den ewigen Bestand meines kleinen Seins. Ich bin. Darin liegt der Gottesgrund selber, seine unaussprechliche Menschenliebe. Im Ich des Menschen vereinigen sich Welten.

Doch bin ich auch das Nicht-Ich, die Verneinung, das Abgetrennte. Genauso wie in mir neue Welten entstehen können, so birgt sich an dieser Stelle auch der Verlust, der Schatten des Lichts. Das Verborgene kämpft um das Licht. Doch wo ich auch stehen mag, immer bin ich aufgerufen: „Komm, ich führe dich zum Licht." Das ist die Gnade Gottes, die um jeden Menschen kämpft, ihn umhüllen will mit Liebe und unendlicher Güte.

Im Menschheitsgebet, im V a t e r u n s e r , darf ich den Weg finden zur Vereinigung in Gott mit der Menschheit als ganzes, nicht nur für mich. Unfaßbar Großes schaut mich an. Es spannt sich ein weiter Bogen, der hinführt durch weite Himmelsräume: „Vater unser, der du bist in den Himmeln." In dieser Anrede ist alles gegeben, mit ihr trete ich ein in heilige Räume. Ich darf mit diesem Gebet um Gottes Sprache wissen, darf mit ihm eins werden. Die Himmel werden uns wiedergegeben, sind anwesend, und mit ihm alle Verstorbenen. Dante hat in seiner „Göttlichen Komödie" im 11. Gesang wunderbare Worte für dieses Menschheitsgebet gefunden:

„O Vater unser, dar du bist im Himmel
– Nicht weil begrenzt du, nein, aus größrer Liebe,
Die du den Urgeschöpfen trägst dort oben –:
Gepriesen sei dein Nam' und deine Stärke
Von jedem Lebewesen, wie's nur recht ist
Als Dank für deinen süßen Lebensodem!
Komme zu uns der Friede deines Reiches;
Denn wir zu ihm vermögen's nicht von uns aus
(Naht er nicht selbst!) mit all unserm Verstande:
Wie ihres Wollens deine Engel ganz sich
Entäußern dort vor dir, „Hosianna" singend,
So mögen auch die Menschen tun mit ihrem!
Gib du uns heute unser täglich Brot,
Ohn' welches hier in dieser rauhen Wüste
Nach rückwärts geht, wer noch so sehr sich abmüht;
Und so wie wir das Leid, das wir erduldet,
Verzeihen jedem, magst auch du verzeihen,
Gnädig, und nicht betrachten unsere Schuld!
Woll' unsre Tugend, die gar leicht zu Fall kommt,
Nicht mit dem alten bösen Feind versuchen;
Nein, mach uns frei von ihm, der so sie aufreizt ...
Dies unser letzt Gebet, O lieber Vater,
Geschieht nicht mehr für uns, weil es nicht nottut;
Vielmehr für die, die hinter uns verblieben."

Rittelmeyer schreibt in dem Vorwort zu seinem „Vaterunser":
„*Wir sind in eine Zeit eingetreten, die deutlich das Antlitz des Erzengels Michael zeigt. Geistesstärke, Willensmut, Menschengröße wollen von ihm her unsere Seelen ergreifen und erfüllen. So möge das Heidentum, das in unserer Zeit auf allen Seiten hervorbricht, dem Erzengel Michael begegnen. In uns möge es ihn erleben. Dieser Geist ist der Führer zum Sieg. Im Vaterunser lebt gerade d i e s e r Geist. Und eben in diesem Geist ist Christus heute nah, unerhört nah.*"[39]

Dostojewski: „*Über das Gebet, über die Liebe und über die Berührung mit anderen Welten.*"

„*Jüngling, vergiß nicht das Gebet. Jedesmal wird dich in deinem Gebet, wenn es aufrichtig ist, ein neues Gefühl durchzucken und damit auch ein neuer Gedanke, den du vorher nicht gekannt hast, der dich von neuem ermutigen wird; und du wirst einsehen, daß Gebet Erziehung ist. Merke dir auch noch dies: jeden Tag und jederzeit, wenn du nur die Möglichkeit dazu hast, wiederhole für dich: «Herr, erbarme dich aller, die heute vor dich hintreten.» Denn zu jeder Stunde und in jedem Augenblick verlassen Tausende von Menschen ihr Leben auf dieser Erde, und ihre Seele erscheint vor dem Herrn – und wie viele von ihnen sind in der Einsamkeit von dieser Erde geschieden, ohne daß jemand darum wußte, in Trauer und Gram darüber, daß niemand sie vermissen, ja nicht einmal wissen wird, ob sie gelebt haben oder nicht.*

Und da erhebt sich nun vielleicht vom anderen Ende der Welt aus dein Gebet zum Herrn für die Seelenruhe eines solchen, obschon du ihn gar nicht gekannt hast und er nicht dich. Wie warm wird es dann seine in Furcht vor dem Herrn hintretende Seele berühren, wenn sie in diesem Augenblick fühlt, daß auch für ihn jemand betet, daß auf der Erde ein menschliches Wesen zurückgeblieben ist, das auch ihn liebt."

Das folgende Gebet wurde im KZ Ravensbrück von einer Unbekannten auf ein Stück Packpapier geschrieben und fand sich nach der Befreiung des Lagers.

---

[39] Friedrich Rittelmeyer: Das Vaterunser, Stuttgart 1990

Gebet für die Peiniger

Friede den Menschen, die bösen Willens sind,
und ein Ende aller Rache und allen Redens
über Strafe und Züchtigung.
Die Grausamkeiten spotten alles je Dagewesenen,
sie überschreiten die Grenzen menschlichen Begreifens,
und zahlreich sind die Märtyrer.
Daher, o Gott, wäge nicht ihre Leiden
auf den Schalen deiner Gerechtigkeit,
fordere nicht grausame Abrechnung,
sondern schlage sie anders zu Buche:
Laß sie zugute kommen allen Henkern,
Verrätern und Spionen,
und allen schlechten Menschen,
und vergib ihnen um des Mutes
und der Seelenkraft der anderen willen ...
All das Gute sollte zählen, nicht das Böse,
und in der Erinnerung unserer Feinde
sollten wir nicht als ihre Opfer weiterleben,
nicht als ihr Alptraum und gräßliche Gespenster,
vielmehr ihnen zu Hilfe kommen, damit sie
abstehen können von ihrem Wahn.
Nur dies allein wird ihnen abgefordert,
und daß wir, wenn alles vorbei sein wird,
leben dürfen als Menschen unter Menschen,
und daß wieder Friede sein möge auf dieser
armen Erde den Menschen, die guten Willens sind,
und daß dieser Friede auch zu den andren komme.

Von der Wandlungskraft der Seele

Mit dem Denken, Fühlen und Wollen stehen wir in den drei Daseinsstufen unseres Menschseins hier auf der Erde. Es sind die drei Möglichkeiten des seelischen Wirkens damit umschrieben. Das Fühlen steht in der Mitte zwischen den Gegenpolen Denken und Wollen.

Wenn nun, wie es Michael fordert, ein Denken entwickelt werden muß, das sich mit der Kraft des Willens eint, so steht die Menschheit vor großen Aufgaben. Es ist auch nicht leicht nachzuvollziehen, was hiermit gemeint ist. Am Gegenteil läßt sich schon einiges ablesen: Ein Denken gibt es, daß in rein intellektuellen Vorstellungen lebt, ohne jeden Wirklichkeitsbezug, ohne willensmäßige Ausstrahlung. Wünschenswert ist aber ein In- oder Miteinander beider Kräfte. Selbstverständlich wird die Mitte, das Fühlen einzubeziehen sein. Der Begriff „schöpferisches Denken", wobei auch die Phantasie beteiligt sein darf, sagt schon etwas aus, was wir auch beispielhaft da und dort beobachten. Wer ein solches Denken entwickelt, läuft nicht Gefahr, sich am Vergangenen zu orientieren, er sucht neue Wege. Wie sehr erwarten wir von Staatsmännern insbesondere eine solche Haltung! Doch gibt es natürlich Übergänge, und man darf nicht einseitig urteilen.

Betrachten wir das D e n k e n als solches zunächst. Wir haben ja die Vorstellung, daß mit dem Denken eine Abstraktion gegeben ist, etwas, was nicht unmittelbar vom Leben berührt wird. Nun ist durch das Wirken Michaels etwas ganz besonderes anzuschauen: Das Denken soll sich mehr und mehr von seiner Leibesbindung befreien, um damit innerlich wandelbar zu werden. Das tut es z. B. wenn ich mich besinnlich mit einer Frage befasse und allmählich, vielleicht erst nach Tagen, eine Antwort erwarte. Empfindung zieht ein in ein solches Betrachten und diese überwindet die Abstraktion. Wir sehen, daß das Denken eine Innenwelt zu erschließen vermag. Wie es nach außen über die Sinne tätig ist, so vermag es sich auch nach innen zu wenden, gleichsam im eigenen Bereich zu bleiben, Türen nach dem Ideellen hin zu öffnen. Rudolf Steiner schildert diesen Vorgang in seiner „Geheimwissenschaft im Umriß" folgendermaßen:

„Das Wesentliche dabei ist, daß man so gewahr wird, wie die Gedankenwelt inneres Leben hat, wie man sich, in dem man wirklich denkt, im Bereiche einer übersinnlichen lebendigen Welt schon befindet. Man sagt sich: Es ist etwas in mir, was einen Gedankenorganismus ausbildet; aber ich bin doch eins mit diesem «Etwas». Man erlebt so in der Hingabe an sinnlichkeitsfreies Denken, daß etwas Wesenhaftes besteht, was einfließt in unser Innenleben, wie die Eigenschaften der Sinnendinge durch unsere physische Organisation in uns einfließen, wenn wir sinnlich beobachten ... Man muß unterscheiden lernen zwischen den Gedankenverbindungen, die man durch eigene Willkür schafft, wenn man solche eigene Willkür in sich schweigen läßt. In dem letzten Falle kann man dann sagen: Ich bleibe in mir ganz still, ich führe keine Gedankenverbindungen herbei; ich gebe mich dem hin, was «in mir denkt». Dann ist es vollberechtigt zu sagen: in mir wirkt ein für sich Wesenhaftes, wie es berechtigt ist, zu sagen: auf mich wirkt die Rose, wenn ich ein bestimmtes Rot sehe, einen bestimmten Geruch wahrnehme."

Es kommt nun die Frage hinzu, wie es mit dem W i l l e n steht, der sich mit dem Denken verbinden soll.

Hören wir zunächst einmal von einer Willensübung von Rudolf Steiner aus demselben Buch:

„Eine gute Übung ist es, durch Monate hindurch sich zu einer bestimmten Tageszeit den Befehl zu geben: Heute um diese bestimmte Zeit wirst du dieses ausführen. Man gelangt dann allmählich dazu, sich die Zeit der Ausführung und die Art des auszuführenden Dinges so zu befehlen, daß die Ausführung ganz genau möglich ist. So erhebt man sich über das verderbliche: «ich möchte dies; ich will jenes», wobei man gar nicht an die Ausführbarkeit denkt."

Der Wille kann auf diese Weise immer mehr zu meinem persönlichen „Eigentum" werden, sich mit meinem Ich verbinden. Das „Ich will" leuchtet allmählich immer stärker in mir auf, und ich kann sicherlich dazu kommen, bis in mein Bewußtsein hinein diese Kraft zu spüren, mit ihr zu leben. Die innere Hingabe, die Liebe zu einer Handlung, wird schließlich zu meiner Richtschnur werden können.

So läßt sich unsere Willensnatur etwas umschreiben, nur werden wir zum Wesenhaften auf diese Weise noch nicht kommen. Denn es ist doch schließlich ein großes Geheimnis mit dieser menschlichen Qualität verbunden.

So führt Rudolf Steiner in einem Vortrag über das „Vaterunser" folgendes aus:

„Willensartiger Natur, eine Art Wollen ist der Grundcharakter dieses höchsten göttlichen Prinzipes im Menschen. Was beim Menschen heute am schwächsten ausgebildet ist in seiner inneren Wesenheit, der Wille, das wird in Zukunft, wenn der Mensch immer höher und höher steigen wird, sein vorzüglichstes Prinzip sein."[40]

Solche prophetischen Worte klingen wie aus einer fernen Welt, und doch können sie uns sehr nahe sein! Gerade in Bezug auf Michaels Wirken, von dem wir ausgingen. Stellen wir uns diesen Erzengel vor das seelische Auge mit seinem starken Blick, mit einer sparsamen Handbewegung, durch die er uns auffordert: „Komm, raffe dich auf!" Er braucht Menschen, die ihm folgen wollen.

Der Wille ist in heutiger Zeit immerfort in Gefahr, zu entarten. Manchmal steigert er sich zur brutalen Gewalt. Wir sehen durch ihn hindurch auf alles das, was in uns an Ungeläutertem lebt. Am Beispiel der Eheschließungen wird es deutlich: Wie wenig gilt noch das „Ja" am Traualtar, der Ausdruck eines Willensentschlusses. Und wir leiden darunter! Unzählige Beschwerden plagen uns, von denen wir die Ursache nicht kennen. Ein schwacher Wille hinterläßt Spuren.

Der Mensch im Gleichgewicht seiner Kräfte – dieses Wort ist zutiefst eingeschrieben in die menschliche Organisation. Göttlich-geistige Kräfte sind es, die uns dies ermöglichen, die in jeder Nacht den Ausgleich zum Tagesgeschehen bringen. Heute besteht die große Gefahr durch das moderne Leben, immerfort herauszufallen aus der inneren Harmonie, aus dem

---

[40] Rudolf Steiner: Aus der Akasha-Forschung. Das Fünfte Evangelium, GA 148

Gleichgewicht. Wenn wir einander zur Seite stehen im brüderlichen Miteinander, dann ist wirksame Hilfe möglich. Das sollte uns zum Bewußtsein kommen,

Nun haben wir noch nicht von dem F ü h l e n gesprochen, jener seelischen Eigenschaft, die so recht die Mitte bildet. Die Tiefe, das Ein-Fühlen in die Dinge, ist eine der stärksten Eigenschaften des Menschen. Unter der einfühlsamen Liebe der Mutter wächst das Kind heran. Es gibt das Mitgefühl, welches große Tragekraft besitzt. Aber in erster Linie denken wir an die Liebeskraft, die aus dem Herzen strömt und Welten bewegen kann.

Nur was aus der liebevollen Gesinnung unter Menschen erwächst, kann Bestand haben. Liebe teilt sich unserem Tun mit, wie sie auch das Denken und Vorstellen belebt. L i e b e   i s t   d e r   U r q u e l l   a l l e s   M e n s c h l i c h e n   s c h l e c h t h i n .

Und doch kann das Gefühl, allein gelassen, sich verlieren oder auch im Egoismus verhärten. Es muß sich verbinden mit dem Denken, um zur Klarheit zu kommen und mit dem Wollen, um wirken zu können. Ein überströmender Gefühlsmensch ist ebenso hilflos, wie ein sich immer Zurückhaltender. Zwischen beiden liegt die Wahrheit. Das ist eine große Kunst, den Ausgleich im Inneren zu finden, um richtig im Leben zu stehen.

So sehen wir in der Betrachtung von Denken, Fühlen und Wollen, wie uns große Möglichkeiten geschenkt sind und nur ein lebenslanges Lernen uns im Grunde erst zum wahren Menschen machen kann.

Vom inneren Weg des Menschen

Neben den äußeren gibt es auch innere Wege, solche, die in unserer Seele umschlossen sind. Wir kennen sie alle, wenn wir auch nur selten davon Gebrauch machen. Schon in dem Moment, wo ich einem Menschen begegne, den ich schon von früherer Zeit her gut kenne und nun wiederfinde, leuchtet in mir etwas Urvertrautes auf, etwas von einer beibehaltenen echten Verbindung. Die Seele gibt diesem Gefühl Raum, sie steigert es vielleicht auch in einem Überschwang an Sympathie. Erinnerung an Vergangenes wird neu lebendig; es beginnt ein neuer Weg. Wie ich bereit bin, ihn zu gehen, hängt unter anderem auch davon ab, ob meine Innerlichkeit diesem Erlebnis gegenüber gewachsen ist. Was wird von mir verlangt? Die Stille des Zuhörens, das Nachschwingen des Aufgenommenen und dann aber das richtige Reagieren. Ich bin im Gespräch, das heißt im inneren Austausch. Etwas muß wachsen zwischen uns beiden, sich befestigen und befreien vom reinen Alltäglichen. Nur zu bald muß ich erfahren, wie schwach doch meine Anstrengungen sind, das Bild des anderen wirklich in mir zu bewahren. Immer wieder bleibe ich am äußerlichen hängen und verdränge damit das innere Bild des Menschen, wie es vor mir steht.

Eine erste Übung, die Rudolf Steiner in seinem Buch: „Wie erlangt man Erkenntnisse der höheren Welten?" gibt, mag eine Hilfe zu werden, um gerade im Umgang mit den Mitmenschen ein tieferes Empfinden zu entwickeln. Es heißt da: *„Wer Geheimschüler werden will, muß sich daher energisch zur devotionellen Stimmung erziehen. Er muß überall in seiner Umgebung, in seinen Erlebnissen dasjenige aufsuchen, was ihm Bewunderung und Ehrerbietung abzwingen kann. Begegne ich einem Menschen und tadle ich seine Schwächen, so raube ich mir höhere Erkenntniskraft; suche ich liebevoll mich in seine Vorzüge zu vertiefen, so sammle ich solche Kraft ... Aber dies darf nicht eine äußerliche Lebensregel bleiben. Sondern es muß von dem Innersten unserer Seele Besitz ergreifen. Der Mensch hat es in seiner Hand, sich selbst zu vervollkommnen, sich mit der Zeit ganz zu verwandeln. Aber es muß sich diese Umwandlung, in seinem Innersten, in seinem Gedankenleben vollziehen ...*

Wirksamer noch wird das, was durch Devotion zu erreichen ist, wenn eine andere Gefühlswelt dazukommt. Sie besteht darinnen, daß der Mensch lernt, sich immer weniger den Eindrücken der Außenwelt hinzugeben und dafür ein reges Innenleben entwickelt. Ein Mensch, der von einem Eindruck der Außenwelt zu dem anderen jagt, der stets nach «Zerstreuung» sucht, findet nicht den Weg zur Geheimwissenschaft. Nicht abstumpfen soll sich der Geheimschüler für die Außenwelt. Aber sein reiches Innenleben soll ihm die Richtung geben, in der er sich ihren Eindrücken hingibt ... Die Außenwelt ist in allen ihren Erscheinungen erfüllt von göttlicher Herrlichkeit; aber man muß das Göttliche erst in seiner Seele selbst erlebt haben, wenn man es in der Umgebung finden will. Der Geheimschüler wird darauf verwiesen, sich Augenblicke in seinem Leben zu schaffen, in denen er still und einsam sich in sich selbst versenkt ... Jede Blume, jedes Tier, jede Handlung wird ihm in solchen stillen Augenblicken ungeahnte Geheimnisse enthüllen. Und er wird vorbereitet dadurch, neue Eindrücke der Außenwelt mit ganz anderen Augen zu sehen als vorher. Wer nur Eindrücke g e n i e ß e n will, stumpft sein Erkenntnisvermögen ab. Wer nach dem Genusse sich etwas offenbaren läßt, der pflegt und erzieht sein Erkenntnisvermögen ...

J e d e I d e e , d i e d i r n i c h t z u m I d e a l w i r d , e r t ö t e t i n d e i n e r S e e l e e i n e K r a f t ; j e d e I d e e , d i e a b e r z u m I d e a l w i r d , e r s c h a f f t i n d i r L e b e n s k r ä f t e . "

Es kommt darauf an, in dem, was wir denken, einen Funken zu entzünden, der Leuchtekraft bekommen kann. Das ist die Intensität, um die es geht. So etwas nachzuvollziehen ist im Grunde nicht schwer, weil wir doch wissen, was es bedeutet, ob ich mich mit einer Angelegenheit wirklich innerlich verbinde oder nicht. Einen Funken von seelischer Wärme können wir einfließen lassen, da, wo es um mehr geht als nur um unser eigenes Wohl. Es ist uns ja leider – fast ganz – verloren gegangen, was wir im Inneren an Begeisterungskraft, Weisheit und Religion bergen! Schmerzlich ist dieser Verlust, und er wird leider Folgen haben. Man kann mit anderen Worten auch sagen: Das Geniale im Menschen geht immer mehr verloren. Unsere Zeit verdrängt es! Aber durch einfache Übungen, wie die angegebenen, werden wir durch die Talsohle hindurch finden und in einen Erneuerungsstrom kommen.

Ich möchte nun die ersten Übungen des Schulungsweges, wie sie Rudolf Steiner angibt, vor uns hinstellen:

„*Eine der ersten dieser Regeln kann nun etwa in die folgenden Worte der Sprache gekleidet werden: Schaffe dir Augenblicke innerer Ruhe und lerne in diesen Augenblicken d a s W e s e n t l i c h e v o n d e m U n w e s e n t l i c h e n u n t e r s c h e i d e n ... Kommt man zur inneren Ruhe des Überblicks, dann sondert sich das Wesentliche von dem Unwesentlichen. Kummer und Freude, jeder Gedanke, jeder Entschluß erscheinen anders, wenn man sich so selbst gegenübersteht ... Der Wert solcher inneren, ruhigen Selbstschau hängt viel weniger davon ab, w a s man dabei erschaut, als vielmehr davon, daß man in sich die K r a f t findet, die solche innere Ruhe entwickelt.*"

Eine weitere Übung ist folgende: „*Der Anfang muß damit gemacht werden, die Aufmerksamkeit der Seele auf gewisse Vorgänge in der uns umgebenden Welt zu lenken. Solche Vorgänge sind das s p r i e ß e n d e , w a c h s e n d e und g e d e i h e n d e L e b e n einerseits und alle Erscheinungen, die mit V e r b l ü h e n , V e r w e l k e n . A b s t e r b e n zusammenhängen andererseits. Überall, wohin der Mensch die Augen wendet, sind solche Vorgänge gleichzeitig vorhanden und überall rufen sie naturgemäß auch in dem Menschen Gefühle und Gedanken hervor. Aber nicht genug gibt sich, unter gewöhnlichen Verhältnissen, der Menschen diesen Gefühlen und Gedanken hin. Dazu eilt er viel zu rasch von einem Eindruck zum anderen ... Man muß ganz still in seinem Inneren werden. Er muß sich abschließen von der übrigen Außenwelt und ganz allein dem folgen, was seine Seele zu der Tatsache des Blühens und Gedeihens sagt ... Wer oft die Aufmerksamkeit auf den Vorgang des Werdens, des Gedeihens, des Blühens gelenkt hat, der wird etwas fühlen, was der Empfindung bei einem Sonnenaufgang e n t f e r n t ä h n l i c h ist. Und aus dem Vorgang des Welkens, Absterbens wird sich ihm ein Erlebnis ergeben, das in ebensotcher Art mit dem langsamen Aufsteigen des Mondes im Gesichtskreis zu vergleichen ist. Diese beiden Gefühle sind zwei Kräfte, die bei gehöriger Pflege, bei innerer lebhafter werdenden Ausbildung zu den bedeutsamsten geistigen Wirkungen führen ...*"

Diese Übung hat sehr viele Freunde erworben. Ein Zeitpunkt der Übung kann der des Blumengießens sein, wo man sich ohnehin schon jeder einzelnen Pflanze zuwendet – (natürlich danach). Aber man lebt hier schon mit und in den Pflanzen und der nächste Schritt hin zur Meditation ist dann leichter.

Die Samenkornübung: *„Eine einfache Sache ist es wieder, wie fast alles, was bisher mitgeteilt worden ist. Aber von der größten Wirkung ist sie, wenn sie beharrlich durchgeführt wird, und wenn der Mensch vermag, mit der nötigen intimen Stimmung sich ihr hinzugeben.*

Man lege ein kleines Samenkorn einer Pflanze vor sich hin. Es kommt darauf an, sich vor diesem unscheinbaren Ding die rechten Gedanken intensiv zu machen und durch diese Gedanken gewisse Gefühle zu entwickeln. Zuerst mache man sich klar was man wirklich mit den Augen sieht. Man beschreibe für sich Form, Farbe und alle sonstigen Eigenschaften des Samens. Dann überlege man folgendes. Aus diesem Samenkorn wird eine vielgestaltige Pflanze entstehen, wenn es in die Erde gepflanzt wird. Man vergegenwärtige sich diese Pflanze. Man baue sie sich in der Phantasie auf. Und dann denke man was ich mir jetzt in meiner Phantasie vorstelle, das werden die Kräfte der Erde und des Lichtes später wirklich aus dem Samenkorn hervorlocken ... Wer sich diesen Gedanken ganz klar macht, wer ihn innerlich erlebt, der wird sich auch den folgenden mit dem r i c h t i g e n G e - f ü h l bilden können. Er wird sich sagen: in dem Samenkorn ruht schon auf verborgene Art – als K r a f t der ganzen Pflanze – das, was später aus ihm herauswächst ... Man stelle sich vor: dieses Unsichtbare wird sich später in die sichtbare Pflanze verwandeln, die ich in Gestalt und Farbe vor mir haben werde. Man hänge den Gedanken nach: das U n s i c h t b a r e   w i r d   s i c h t b a r   w e r d e n . Könnte ich nicht denken, so könnte sich mir auch nicht schon jetzt ankündigen, was erst später sichtbar werden wird.

Besonders deutlich sei es betont; was man da denkt, muß man auch intensiv f ü h l e n . Man muß in R u h e , ohne alle störenden Beimischungen anderer Gedanken den einen oben angedeuteten in sich e r l e b e n . Und man muß sich Zeit lassen, so daß sich der Gedanke und das Gefühl, die sich an ihn knüpfen, gleichsam in die Seele einbohren. – Bringt man dies in der rechten Weise zustande, dann wird man nach einiger Zeit – vielleicht erst nach vielen Versuchen – eine Kraft in sich verspüren. Und diese Kraft wird eine neue Anschauung erschaffen. Das Samenkorn wird wie in einer kleinen Lichtwolke eingeschlossen erscheinen. Es wird auf sinnlich-geistige Weise als eine Art F l a m m e empfunden werden. Gegenüber der Mitte dieser Flamme empfindet man so, wie man beim Eindruck der Farbe l i l a empfindet. Gegenüber dem Rande wie man der Farbe b l ä u l i c h gegenüber empfindet ... Was sinnlich sichtbar war, die Pflanze, die erst später sichtbar werden wird, das offenbart sich da auf geistig-sichtbare Art."

Bis zu diesem Punkt wollte ich in unserem Zusammenhang einige Beispiele aus dem genannten Buch Rudolf Steiners bringen. Es ist natürlich notwendig, diese Seiten an Ort und Stelle nachzulesen, sonst bekommt man womöglich ein falsches Bild.

Eines scheint mir vor allem wichtig hervorzuheben, daß kein falscher Eindruck entsteht über das, was hier mit „Geheimschulung" gemeint ist: *„Das Geheimwissen ist für den Durchschnittsmenschen in keiner anderen Beziehung ein Geheimnis, als warum das Schreiben für den ein Geheimnis ist, der es nicht gelernt hat. Und wie jeder schreiben lernen kann, der die rechten Wege dazu wählt, so kann jeder ein Geheimschüler, ja ein Geheimlehrer werden, der die entsprechenden Wege dazu sucht ...*

Es hat, seit es ein Menschengeschlecht gibt, auch immer eine Schulung gegeben, durch die solche, die höhere Fähigkeiten hatten, denen Anleitung gaben, die ebensolche Fähigkeiten suchten. Man nennt solche Schulung Geheimschulung; und der Unterricht, welcher da empfangen wird, heißt geheimwissenschaftlicher oder okkulter Unterricht."

Die Welt heute verlangt von uns außergewöhnliche Anstrengungen, und so kann es von Nutzen sein, von dem zu erfahren, was wirklich weiter führt, hinaus aus der Verstrickung, in die wir geraten sind. In den ausgefahrenen Gleisen wird es nicht weitergehen. Und jeder Neubeginn birgt in sich den Keim für Zukünftiges. Daß dem so ist und erlebt werden kann, dazu sollte dieses Kapitel einen Weg weisen.

Der Ausspruch eines tibetanischen Eingeweihten lautet:

„Der weiße Mann hat die kosmische Ordnung der ihm nächstliegenden Sphären gestört. Die Kämpfe und Störungen in den

über- und untersinnlichen Sphären kommen auch daher, daß die westlichen Menschen nicht fähig sind, sich selbst zu bilden, zu werden und zu wachsen aus dem ihnen beim Austritt aus dem Vorgeburtlichen mitgegebenen inneren Lichte der übersinnlichen Sphären. Allein mit diesem kosmischen inneren Lichte könne Liebe zu den Mitgeschöpfen entstehen. Ungenützt fließe es in einem der Weltordnung unangemessenen Sinn zurück in die Sphäre, aus der es stamme und bewirke dort Kampf und Unordnung."[41]

Die Weite des Geistes ist es, die unsere Schritte unermeßlich zu beflügeln vermag. Es gibt ein Z e i t g e w i s s e n , das in jedem von uns ruht und nur erweckt sein will.

„Herr, wo wir versagen als Menschen,
versagen wir als Taten der Zeit ...

Das menschliche Herz kann in die Weiten Gottes schreien
Finster und kalt mögen wir sein aber
jetzt ist nicht Winter. Das eingefrorene Elend
von Jahrhunderten birst, kracht, beginnt sich zu regen;
Der Donner ist der Donner des Eisgangs,
Das Tauen, die Flut, der heraufbrechende Frühling.

Danket Gott, daß unsere Zeit jetzt ist, wo das Böse
sich erhebt, uns überall zu begegnen,
um uns nie mehr zu verlassen, bis wir
den größten Schritt der Seele tun,
den die Menschen je gewagt.
Alle Dinge haben jetzt Seelenmaß.
Das Unternehmen
ist die Forschungsfahrt in das Innere Gottes.
Was ist euer Ziel? Es braucht
so viele Jahrtausende, um aufzuwachen
aber werdet ihr erwachen aus Mitleid?"
Christopher Fry
(aus A Sleep of Prisoners)

---

[41] Veltheim: Tagebücher aus Asien

Teil III

Das Vermächtnis unserer Toten aus dem 2. Weltkrieg

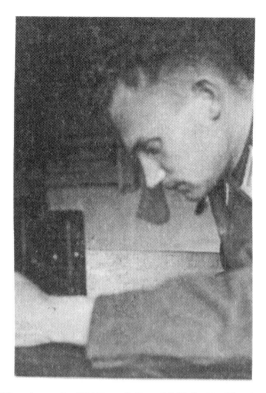

Werner Knecht, geb. 1915, gefallen 1942 in Rußland. Er verfaßte folgenden Brief wenige Tage bevor ihn eine Granate traf

Abschiedsbrief aus dem Felde, Rußland 1942
Liebe Freunde!
Zum Abschied noch einen herzlichen Gruß Euch allen. Die Worte, die wir gewöhnlich miteinander reden, sind die von Lebenden zu Lebenden. Aber ich will es tun als einer, der gelebt hat.
Es ist ja schwer, sich vom Leben zu verabschieden, wohl, weil wir den Schritt nicht mehr rückwärts tun können; aber, wenn es nun einmal geschehen ist, sieht es ganz anders aus. Der Tod ist ja doch die schönste Rechtfertigung, die wir vor Menschen haben können, und die wir noch vor uns haben, macht uns keine Sorge

mehr. Alle Angst hat jetzt ein Ende. Nur eines bleibt, das ist die Liebe, mit der ich Euch grüße, das Lächeln, mit dem ich Euch noch die Hand reiche, mit dem ich Euch später einmal einlade, mit dem ich Euch in jeder Lage trösten möchte. Das kann mir niemand mehr nehmen. Die Liebe ist geblieben, mit der ich Euch alle küssen darf, ja jetzt alle darf. Und jetzt gibt es auch kein Abschiednehmen mehr, hat es nie mehr gegeben. Jetzt bestehen nur noch Begegnungen.

Der Tod ist schön, nur eines: Ihr müßt ihn mir wirklich gönnen und Euch mit mir freuen. Ihr Armen, Ihr habt so viele Sorgen, die ich nicht mehr habe. Aber seid getrost, es kommt rechtzeitig, braucht weder Drängen noch Zagen. Dann gibt es nur noch Liebe und Begegnung. Das Sterben ist hart, aber der Tod ist schön.

Ich wollte Euch, liebe Freunde, keine Poesie sagen, sondern nur einen Gruß aus dem Lande, das ihr noch nicht kennt. Aber Ihr sollt wissen, daß Ihr die atmende Erde zum Bruder habt und die Sterne zu Schwestern, daß Ihr den Vater rufen dürft und Euch die Engel dienen, daß Ihr erlöst und getröstet seid, und daß der Geist des Friedens bei Euch wohnt.

Nehmt es nicht als Poesie! Wisset, daß Ihr lebt, die Erde lebt, der Schöpfer lebt. Das soll Euch lautere Freude sein, – und der Tod, der Unbekannte, ist ein Freund, der das Zuhause kennt.

Es gibt Dinge, die sind härter als das Sterben, – aber der Tod schafft Frieden.

Nun seid zum letzten Male herzlich gegrüßt!

Euer Werner Knecht

Götz Kniebe, geb. 30. 11. 1913, verstorben im November 1947 in russischer Gefangenschaft; Sohn des Malers und Bildhauers Walther Kniebe.

22.Januar 1942
Und das gelingt halt immer wieder – dieses die Schönheit finden. – Mitten in diesem Erleben von Tod und Grauen, dies Durchdringen zur Schönheit. Dies noch sehen können. Das gibt mir dann große innere Stärke. Dann weiß ich, sollte ich mit dabei sein sollen eines Tages bei den Toten, dann wär ich nicht allein. Ein Strom von Seelen wandert jetzt aus diesem Erleben hier heraus in die andere Welt hinein. (An Vaters Kriegsblätter denke ich dann). Der Gedanke an den Christus strahlt dann ein solch warmes Leuchten über alles andere hin!

5. Oktober 1942
Was ist's, wenn man Seelenöde spürt, wenn die Gedanken leblos und dürr um die alltäglichen Gegenstände kreisen? Von Göttern geschenkte Wachstumskräfte ... Paradieseserinnerung ... versiegen; der Tod wirft seine Schatten voraus. Dürre Skelette – ragen die Bäume in die Winternacht. – Und der Mensch tut auch an dieser Stelle seines Weges sein Tagwerk. In einer entgötterten Welt steht er hinter der Maschine und erfüllt deren Forderung nach Exaktheit, nach gewissenhaftem Tun auch in der Welt, die der Tod regiert. Der Mensch dient der Kraft des Todes. In Treue tut er sein Werk und saugt daraus Festigkeit des Seins.

Soll er die entgötterte Welt fliehen, wenn er erkennend ihrer Armut, Öde, Dürre inne wird? Soll er aus Sehnsucht zur Paradieseheimat, von der Erinnerung erzählt, diese Welt der inneren Armut von sich schütteln, die ihm doch Festigkeit verlieh? Soll er sich in die Feuergluten des Ätna stürzen, wie Empedokles, der die verlorenen Jugendkräfte in der Vereinigung mit den Elementen wiedersuchte? Soll er in Worten und Bildern schwelgen auf der Flucht vor der Dürre der Wissenschaft?

Verlieh mir nicht das Kreuz des Todes, das in mir ist, die Kraft zu sagen: Ich bin! Als ich jung war, fürchtete ich, was im Dunkel der Waldesnacht geisterte. Ich floh in den Schoß des Hauses, der Eltern. Ich war ein Wesen, getrieben, gestaltet von den Geistern der Welt. – Jugendkräfte versiegten. Empfindung für Geistesweben erstarb der Seele. Die Furcht wich. Zunächst aus Blindheit.

Da ich nun der Blindheit inne wurde; soll ich zurückstreben zu einem Gebiet, wo ich kraftlos mich treiben lassen muß dorthin, wo ich vielleicht nicht einmal hin will? Nein! Die Festigkeit der Erde will ich mir bewahren. Auch wenn ich zunächst auf die Festigkeit des Lebens noch verzichten muß. Nichts will ich in meiner Seele dulden, was falsche Farben sein können. Will das Kreuz tragen! – Bewußt es auf mich nehmen. – Aus solchem Bewußtsein schaue ich in die Welt. Schaue das Licht und die Farben der Welt. Auf diesem Hintergrund gleißen und scheinen sie nicht. Licht der Liebe erstrahlt erstarkend.

„*In die dunkle, kummervolle*
Nacht der Schwermut
schwebt die Rose.
In der Rose flammt das Herz
dehnt sich allerwärts;
wird zur viergeteilten Kammer
aber ach zur Kreuzeskammer.
Aus dem Kreuz entspringt ein Licht,
das ist Christi Angesicht.
Seele, hast du je gedacht:
Rote Rose, dunkle Nacht,
Herz und Kammer
Kreuz und Christ.
Weißt du was die Liebe ist?"
(A. Steffen)

20.Juni 1943
Jeden Abend jetzt führt mein Weg zwei Stunden lang nach Nordost. Immer neu erglänzen die Wolken in Farbenfluten. Blau türmen sich die Wolken vor den Schatten der Nacht. In Feuer flammt der Westen, von der Sonne durchglüht. – Jeden Abend lebt meine

Seele in diesen Welten, lebt im Licht. – Und ich denke an Dich, denke, wie einer vom andern einem Dritten gegenüber sprechen würde. Ich stelle mir das Bild vor, das jeder von uns dem Georg vom andern geben würde, falls dieser vielleicht einmal nicht mehr leibhaft vor ihn treten könnte. – Und mir wird deutlich – vor dieser Frage, wie vor keiner anderen – daß es das Licht ist, das wir im anderen lieben. Ein Lichtwesen lieben wir im anderen, den Engel. Ein Lichtwesen ist der Mensch, im Licht seine Heimat. – Und wenn ich so des Abends durch die Farben wandere, so möchte ich dir diese Bilder schenken, wie sie in meiner Seele leben. Licht ist auch, was ich Dir schenken möchte.

„Des Lichtes webend Wesen, es erstrahlet von Mensch zu Mensch, zu füllen die Welt mit Wahrheit."
(R. Steiner)

Zwei alte Kameraden aus meiner Gruppe sind gestern Abend gefallen. Tagsüber haben sie noch miteinander gekatzbalgt. In der Nacht hat sie dann eine Granate beide geholt. So werden sie brüderlich gemeinsam ins Geistgebiet treten. In meiner Seele sollen sie Licht und den Christus finden, der ihnen weiterhilft. –
Liebste Du! Mit allem vertraue ich mich Dir an. Du bist stark und bist überall bei mir. Bin dir so dankbar und dankbar dem Schicksal.
*Sag, wo du bist.
– In Gottes Wort,
wo Treue ist.*

20. August 1943
Hab' eben in den Abendhimmel geschaut, der flammend über der dunklen Erde stand. Jäher Wechsel der Stimmungen! Welch Gegensatz zu der unveränderlichen Kraft der Erde! – Drunten vom nahen Nachbardorf tönt Gröhlen und fröhliches Singen herauf. Die Russen haben sich Kornschnaps gebrannt, trinken, singen und tanzen. Die ungeformte, etwas rohe Fröhlichkeit einfacher Menschen. – Und wie ich in den feurigen Himmel schaute über

der dunklen Grenze der Erdenfeste, da formte sich mir das Johlen vom Nachbardorf zu dem Gedanken: Wo liegt das Ziel der Menschheit? Wozu leben wir auf dieser Erde? – Und das Bild, das ich schaute, ward Gedanke: Wir müssen als Menschen die Formkraft und Beständigkeit der Erde in unser Wesen aufnehmen und diese Kraft hinaustragen in die Welt der flutenden Veränderungen. Unser Wesen urständet im Licht. Dort ist unsere Heimat. Aber nicht – wie Blätter vorm Herbststurm – sollen wir willenlos treiben; sondern unsrer Erde Kraft muß unser Eigen werden. Selbständigkeit sollen wir uns erringen auf der Erde für unsere Licht-Heimat. Als selbständige Schöpferwesen sollen wir dereinst in die Heimat zurückkehren. –

Vor den himmlischen Licht- und Farbengewalten der Atmosphäre erinnert sich die Seele voll Sehnsucht der Heimat und möchte sich hinaufschwingen. Doch uns geziemt den Erdenweg zu lieben. Gebeugten Knies schau ich in die Morgensonne, dankbar für die Labung und froh bereit zu Erdentat. –

23. Oktober 1943
Und immer wieder <u>überrascht</u> einen ein neuer Toter in <u>alten gewohnten</u> Bahnen. Noch lang nicht wach genug finden uns die Toten. Sie stehen immer noch vor tauben Ohren! Auch ich schlafe noch und bin mitschuldig, daß immer größer das Heer der Toten werden muß. Denn all das Leid soll Weckruf sein, dröhnt wie Posaunenruf am Ohr der Menschheit. <u>Wandelt</u> Euch! Wendet den Blick zum Geisterland! Lauscht dem Wort, das daher tönt. — Ach! Und grad unter Soldaten ist der Ton oft so alltäglich, so niedrig aller Inhalt. Grad hier, wo wir dem Tod so nahe stehen! Herausreißen aus dem muß ich mich. Wenn ich auch dadurch im Grunde sehr alleine stehe. (Denn das spüren die anderen natürlich!) –

27. Oktober 1943
Grad zur rechten Zeit führte mich ein kurzer Weg hinaus, daß ich die scheidende Sonne bewundern konnte. <u>Unglaublich</u> farbig war heute der Himmel. Ein Rot, ein Violett, ein Blau von einer tollen

Intensität. Wunderschön! – In den Farben schwingt die Seele; im Licht ist unser tiefster Wesenskern daheim. –
Viel Unerquickliches erlebe ich hier immer so im kleinen Alltäglichen. Nicht mich betreffend! Aber an anderen. Gegenseitige Gereiztheit, Brüllerei usw. Das schmerzt mich, Sehnsucht nach Frieden habe ich! Und <u>in</u> uns beginnt der Frieden! Wenn von Mensch zu Mensch Güte strahlt, wenn Licht die Brücke von einem zum anderen ist, dann kann Frieden einziehen. Licht ist das Element allen Lebens.

> *„Es schwebt empor*
> *aus Weltentiefen*
> *Du Christussonne.*
> *Ihr Licht ist Geist.*
> *Es leuchtet im All*
> *Es geistet in mir*
> *Es lebet in meinem Ich."*
> *(R. Steiner)*

2. November 1943

... So schön hatten sich mir jetzt wieder einmal Gedanken geründet. Seit die Kämpfe gewesen waren, die Nachricht von Günthers Tod traf dahinein, hatte ich viele Gedanken um den Tod bewegt und auch davon geschrieben. Und immer reifer gestalteten sie sich. Das ist ein so kraftverleihendes Gefühl, wenn man des eigenen Fortschrittes inne wird. Man wächst zu immer stärkerer Kraft und das beglückt. Ist <u>vor allem</u> beglückend, <u>geben</u> zu können. Darum geht alles Bemühen: etwas das Dunkel auflichten zu können.

10. November 1943

Ist <u>solch</u> ein Glück – immer wieder – so völlig vertrauend, bei dir Vertrauen zu finden. Auf einem Weg heute durch die Nacht bedachte ich's und war so froh. –
Schau! Schwere Zeit liegt noch vor uns. Das Schwerste wird wohl erst noch kommen. Alles bisherige Leid mag nur erst ein kleiner Teil gewesen sein. So macht alles jetzt den Eindruck.

Desto mehr müssen wir uns dort finden, wo uns Engel die Wege weisen. Wenn außen Trennung und Tod auf dem Erdenschicksal lasten, wollen wir uns in Lichtwelten an der Hand nehmen und treu miteinander unserem ewigen Ziel zustreben.
Daß wir uns darin finden, ist Trost. –

28. November 1943
... Da ist mein fröhliches Herz, das meine Schritte hierhin und dorthin lenkt und überall mit einem lichten Wort, vielleicht auch nur mit einem offenen Blick, einem Lächeln ein wenig von der Last des Tages heben will. Und wo mir das gelingt, bin ich denkbar glücklich. Mir ist das überhaupt aufgegangen, wie nah mir Mozart in gewisser Weise steht. Wie das Gewölk von der Morgensonne sich bauscht, so drängt, wie mit tanzendem Schritt, mein Herz zum Lichte. – Und es kommen die Gedanken, der Furcht und der Todesbereitschaft abgerungen und führen zu der Kraft des Lichtes. Sie geben die Stetigkeit, daß der Schritt im Seelenland nicht strauchle. Und sie geben die Kraft, den Glanz der Morgensonne bis in den dunklen Abend zu tragen. – Was auflichtend, erleichternd wirkt in einem Wort, einer Geste, das ist so zart, das wirkt, aber ist nicht zu benennen. Das liegt auch zwischen den Worten als wirkendes Leben. –

26. Dezember 1943
... Ja, immer wieder neu stehen wir staunend vor dem Wunder des anderen, wie Vertrauen, Liebe, Schönes aus dessen Seele immer neu erblüht. Immer neu dankt das Herz mit all seinem Sein dem anderen. Wohl wäre schon auch schwer, wenn einer allein seinen Weg weitergehen müßte, aber nichts als Licht dürfte das Leben mit dem Toten sein. Wie licht war doch schon unser Leben! Wie unglaublich licht! – Sollte das Sterben und alles danach dunkler sein? – Liebste! Nein!
Und wie schön sind die Gedichte! Die treffen so ganz in das hinein, was mich aus dem Erleben hier erfüllt. Das ist mir schon <u>so</u> oft so gegangen, daß ich Sachen von Steffen bekam, die <u>grad</u> Erlebtes <u>so</u> bestätigten. – So sagte ich einmal zu jemand, zu Vater

glaub ich: St. kann wahrhaftig trösten. Da kam einige Tage später die damals neue Gedichtsammlung, „Der Tröster". – Das beglückt mich immer! –
Warum, fragst Du, schrieb ich dies: „noch mal Urlaub". – Weil ich ganz darauf verzichtet habe! Als ich das letzte Mal ging, hatte ich ja schon davon wie vom „letzten Mal" gesprochen. War's auch Spaß, stand doch auch Ernst dahinter. – Auch, weil ich nicht mehr das Leben erwarte, sondern nur noch dankbar nehme, was mir geschenkt wird.

„... Herr, willst Du, wandle uns zu Brot und Wein."

Diese Haltung entfernt mich jedoch nicht von Dir. Im Gegenteil. Sie gibt mir Kraft und Licht, ein Leuchten, in dem ich Dir immer nahe bin und immer auch einen Urlaub jauchzend begrüßen würde.

17. Juni 1944
Es ist ein Umgehen der Notwendigkeiten, nur auf das Später zu hoffen. Jeden Augenblick müssen wir als Vollmenschen leben und erfüllen. Wir können ja auch jeden Augenblick abgerufen werden und dann heißt es, Bilanz machen mit den Erdentaten. Dann ist die Frist, die uns mit diesem Erdenleben gegeben war, verronnen. Dann gilt kein „Später" mehr für's erste! Auch unter Verhältnissen, die uns unserm Ziel zu leben, schwer machen, da gilt es, das darstellen, was wir sein mochten. Nicht den äußeren, herabziehenden Einflüssen nachgeben. Nein! Mit jedem Wort (nicht nur im Inhalt; vielleicht nur in der Art, wie ich es prägte) mit jeder Geste auch den „anderen" gegenüber so ganz der sein, der wir sein möchten, unserm Ziele treu. – So schrieb heute Herbert in seinem feinen Brief So schrieb auch Sigi einmal vor längerem. Wir sind nicht nur für uns alleine da. Um uns sind andere, Menschenbrüder, denen zu helfen unsere Aufgabe ist; und wenn dies Helfen nur darin besteht, daß wir uns nicht zurückziehen, für uns leben, sondern, daß wir ihnen uns darleben. –

Gestern ging ich ein Stück Wegs über Land, durch Wald, über sprossende Felder. <u>So</u> schön war alles und ich wünschte Dich herzu zu gemeinsamem Erleben; dachte an mögliches späteres Wandern und Schauen. Ich erinnerte auch Wanderungen früherer Jahre und es tauchte die Frage auf: wozu wandern wir hinaus in die Natur? Ist's nur ein träumendes Schwelgen, Genießen, Sichleben-wollen? – Meist wohl ja! – Aber da ist ein Mangel! Für uns erwachsene Menschen empfinde ich es als richtige Haltung, nie zu träumen, auch auf solcher Wanderung nur <u>immer</u> lernen zu wollen; immer die Mühe um die Gestaltung meines Verhältnisses zur Welt. Immer tätig, immer aktiv, tätiges, urteilendes Schauen in die Welt hinein, das läßt uns Wahrheit schauen. – So wie jeder Gang in die Natur ein staunendes, demütiges Schauen; Stein, Pflanze, Tier, das sind die tausendfältigen Wunder, in die wir tauchen wollen, sie zu begreifen, zu erkennen. – Jeder Gang hinaus sollte ganz stark im Zeichen solcher Mühe stehen! – Wenn auch Kinder nicht in der Art bewußt erleben und gestalten können, man sollte sie an die <u>Wunder</u> und <u>Geheimnisse</u>, an die Elementargeister heranführen, die lebendig in allem wirken und weben. – Mehr Gestaltung muß hinein in jeden Gang, in die Feste auch, in alles Leben. Das ist unsere Lebensaufgabe! Damit gestalten wir an der neuen Kultur.

22. September 1944
... Das Bild der vergehenden, herbstleuchtenden Pflanzen läßt mich noch einmal ihren Weg denkend empfinden. Wie der Samen im Wirken der Kräfte im Erdengrund sich regt und schwellt, wie er sein erstes Blatt in die Wäßrigkeit hineinbreitet,. Wie dies Leben sich sammelt und faßt in der Knospe, um im Kreisen der Gestirne den Sproß zu treiben nach seinem Gesetz, im steten Wechsel, sich hingebend in die Breite, sich fassend um durch die Planetenkreise der Sonne zuzustreben. Weg des Wachsens, Weg der Wandlung und Läuterung. Läuterung der Säfte im Kreisen der Blätter feiner, ziselierter, süßer, sich hingebend an Wärme und Licht, empfangend und eins werdend mit der höheren Natur in der Blüte. In den blauen Glocken schaut uns wahrhaftig der

Himmel an, in den Sonnensternen die strahlende Sonne selber. – Und hier ist die Pflanze am Ziel, holt aus dem Kosmos die Urform, den Samen zu neuem Beginn. –
Unendliche Schönheit der Welt erschüttert das Herz. Können wir je genug danken! – Und draußen im Mondschein stehen zerschossene Baumstümpfe, ragen in den Himmel, klagen ihr zerstörtes Leben um keines Dienstes am Menschen willen zerstörtes Leben in die Welt. Menschheit die sich selbst vergaß, vernichtet sich, vernichtet diese reine Schönheit. Was bleibt? – Schwarze, gähnende, endlose Leere, in die das Ich fällt, in der <u>nur</u> das <u>Ich</u> <u>besteht</u>. Das müssen wir finden im Untergang des Äußeren, die Kraft des <u>Ich</u> das furchtlos sich um <u>seine</u> Kraft sammelt und in seiner Einsamkeit ein Leuchten findet. –
... Aber es kann auch die Nähe des Todes, wenn sie uns anrührt, alles Kleine auslöschen. Wenn wir am lebendigen Geiste teilhaben, kann der Tod nur Knechtsdienste tun und uns das lästige Kleine aus dem Weg räumen, an dem wir im Frieden wohl noch hangen. <u>Unser Leben im Geist</u> ist das Maß, das uns auszeichnet oder richtet. Wer im Geist <u>lebt</u> hat keine Todesfurcht, denn über den <u>lebendigen</u> Geist hat der Tod keine Gewalt. – Da ist dann nur das andere: die Sorge, nicht genug getan zu haben; nicht erfüllt zu haben, zu dem wir berufen waren. Nirgends wie auf Erden können wir Taten wirken von solchem Erdengewicht, wie das eben auf Erden möglich ist. Die Erde ist der Platz, auf dem <u>wir</u> schöpferisch werden können. Und <u>der</u> Möglichkeit enthoben zu werden, das bekümmert. Denn unser Lebensplan scheint erst vor uns zu liegen! Wir glauben eine große Aufgabe zu erkennen. All unsere Schaffensfreude und Hoffnung sammelt sich um diese Aufgabe. Denn das ist wohl größte Sehnsucht jedes Menschen, das Werk gestaltet zu haben aus der Fülle seiner Kräfte; seinen Teil gegeben zu haben an die Erde. Um dann in Ruhe abzutreten um Kräfte zu empfangen zu neuem Werk. –

5. November 1944
Im Fortgang des gegenwärtigen Geschehens wird Stein um Stein aus dem Bau der Zivilisation gebrochen. Mehr und mehr fällt die-

ses ganze Gebäude der Vernichtung anheim, versinkt in Trümmern. Aber mit ihm versinken möge die Phrase, die Konvention, die Lüge, die gleichermaßen Ausdruck und Folge dieser Zivilisation sind. Zwischen Trümmer hingestellt wird die Menschheit sein nach Ablauf des kriegerischen Geschehens. Und diese Trümmer werden ein Nichts und ein Abgrund bedeuten. Ein Nichts, weil das alte Sein zerstört ist. Ein Abgrund, weil in das Nichts die Finsternis dringt. Aber auch eine Möglichkeit, weil in dem Nichts der Mensch zur Besinnung kommen kann. Und das ist der Punkt, wo wir beginnen wollen.

6. November 1944
Nach der Zerstörung werden wir zur Tat aus eigener Verantwortung in jeder Hinsicht wieder aufgerufen sein. Aus dem Leid erheben die Seelen ein geläutertes Wollen. Der Wille, die Welt wahrhaftig zu schauen und unser Sein wahrhaftig in diese Welt hineinzustellen, führt notwendig zu neuen Lebensformen. Aber wie durchdringen wir den Schein? Wie finden wir die Quellen, nach denen wir aus der gegenwärtigen Weltsituation heraus dürsten? Zwischen den Trümmern des Alten erleben wir seine Lebensunfähigkeit, die zur Wüste wird. Da ist nur Ende; aber wo ist der neue Anfang? Wer schlägt aus dem Felsen neues Wasser? Nur einer! Ohne den Weg, den er weist, wären wir irrende Wandrer, wären Nichts. Das ist uns Maß der Dankbarkeit zu der wir verpflichtet. Aus dem Dank erblüht die Demut. Und in Demut schreiten wir zur Tat, zu der wir berufen. –

11. November 1944
An wieviel Menschen gehen wir vorüber, ohne sie zu sehen?! Was ist's was die Hüllen des Raumesseins da durchstößt und Brücken schlägt von Angesicht zu Angesicht? Es legt das Schicksal – aus unerkannten Tiefen kommend – die Hand auf unser Herz. Mag dunkel empfundene Verwandtschaft sein oder uralte Bande, die uns rührt! –
  Hatte ein Gespräch: Und mich bewegt die Frage, die er aufwarf, der andre, klug erkennend, aber erkennend, daß die Men-

schen – *von Phrasen geblendet, die rührselig und voll Pathos ihr deutsches Herz blenden* – *nicht die Lüge und den Niedergang sehen. Und der aus dieser Erkenntnis sagte: schau! das sind die Deutschen; und der bekannte, über dieser Erkenntnis ein Zyniker und Spötter geworden zu sein und dem als Einzigstes der Glaube an die Kraft des deutschen Volkes geblieben war, immer, auch ohne Grund, die Pflicht zu erfüllen.* –

Ja! Soll ich mich treiben lassen – *wohl intelligent, aber steuerlos im Strom* – *von dem Wahrgenommenen, soll ich kolportieren und den Untergang zeichnen? Soll ich die blind Treibenden zynisch verspotten und mich an die einzige Kraft halten, die jener römische Legionär bewies, der im untergehenden Pompeji auf seinem Posten blieb?* –

Aber was nützt die Einsicht, die nichts wirkt? Bin ich Deutscher, wenn ich den kolportierenden Intellekt führe, wenn ich daheraus Zyniker, Spötter werde? –

Nein! Denn ich bin! Aus dem Ich, das sich in reiner Kraft erfaßt, erblüht ein aktives Denken, in das hineinpulst der beherzte Wille. Mein Denken ist Tat. Und dies tätige Denken erfährt sich stetig neu in seiner Wirklichkeit und spricht: Ich bin! Und wer so spricht, der ist ein Deutscher. –

15. März 1947 (Estland)
Viel Ruhe hatte ich die letzten Wochen und schöne Zeit daher, das Aufblühen des Tages in der Morgenfrühe anzuschauen. Ich las viel in Johannes und den anderen Büchern. Besonders erlebte ich die alles durchwebende – *nicht ich sondern ER in mir. Es wurde mir auch daher unsere Arbeit daheim so nahe gerückt*

Viel wächst für mich aus den Gesprächen mit Kameraden hier, Berufskollegen, die Vorstellung des äußeren Aufbaus daheim. Die äußere Anregung herrscht vor hier. Aber das Bewußtsein durchdringt Vorstellungen, daß wir untereinander vor allem den Frieden in IHM finden müssen und aus diesem Frieden die Kraft des gemeinsamen Lebens. – *Welches Glück wird die Heimkehr für uns werden! Solches bloß vorstellen, erfüllt mich mit einem Leuchten.*

Wie dankbar werden wir dann alle sein! – Euch wünscht Frieden und aufbauende Arbeit, Gesundheit und Vertrauen
Euer Götz

10. Juli 1947 (Ural)
Wie schön muß es jetzt bei Euch sein! Der Sommer. Obst. Gemüse. Kinder. Sonne. Garten. Wie gern würde ich dort arbeiten in Eurer und an unserer Gemeinschaft! Wie es in meinen Kräften steht. Feste und Geburtstage gestalten, wie jetzt Johanni, Vaters und Hildes Fest.

5. November 1947 (letzte Karte!)
Wie Ihr ja schon aus meiner letzten Karte wißt, liege ich hier im Lazarett und schreibe drum auch etwas krumm, so halb im Liegen. Es geht mir schon wieder ein Gutteil besser und außerdem habe ich so eine kleine Hoffnung, daß dies vielleicht der Weg in die Heimat ist. Man hofft, hofft, hofft. – Eine sehr überraschende Bekanntschaft machte ich hier vor drei Tagen in einem neuen Bettnachbarn, einem Dresdner E. H., der dort dem Zweig und dem Kreis um Klein nahestand. Ja, es ist so seltsam, wie man so zusammengeführt wird. Wir haben viele gemeinsame Bekannte und – Ihr könnt Euch das denken – jetzt hier viele schöne Gespräche. – Ja, wie mag es Euch gehen? Ich habe schon ewig keine Nachricht mehr von Euch. Aber ich bin ohne Sorge, da ich aus Euren ersten Karten ja weiß, daß alles gut ging. Mit lieben vertrauenden Grüßen Sieghild, Ihr alle,
Euer Götz

Die folgenden Briefe sind entnommen aus dem Buch von Hans Walter Bähr (Hrsg.): Die Stimme des Menschen. Briefe und Aufzeichnungen aus der ganzen Welt 1939-1945.
Der Abdruck erfolgt mit freundlicher Genehmigung des Piper Verlages München.

Antoine de Saint-Exupéry; Frankreich, geboren am 29. 6. 1900, gefallen am 31. 7. 1944 im Mittelmeergebiet

Im Kriege
... Unser Gedeihen, unser Behagen, sie würden nicht genügen, uns glücklich zu machen. Für uns, die wir im Kult der Ehrfurcht vor dem Menschen aufgewachsen sind, wiegen die einfachen Begegnungen schwer, die sich manchmal in wunderbare Feste verwandeln.
Ehrfurcht vor dem Menschen! Ehrfurcht vor dem Menschen! Wenn der Nazist ausschließlich den respektiert, der ihm gleicht, dann respektiert er nur sich selbst. Er verneint die schöpferischen Gegensätze, zerstört jede Hoffnung auf einen Aufstieg und begründet für tausend Jahre an Stelle des Menschen den Robot eines Termitenhaufens. Ordnung um der Ordnung willen beschneidet den Menschen seiner wesentlichen Kraft, nämlich, die Welt und sich selber umzuformen. Das Leben schafft Ordnung. Aber die Ordnung bringt kein Leben hervor.
Es scheint uns im Gegenteil, daß unser Aufstieg noch nicht vollendet ist, daß die morgige Wahrheit sich vom gestrigen Irrtum nährt, und daß die zu überwindenden Gegensätze für unser Wachstum der rechte Humus sind. Wir zählen auch die zu den unsrigen, die anders sind als wir. Aber welch merkwürdige Verwandtschaft! Sie gründet sich auf das Künftige, nicht auf das Vergangene. Auf das Endziel, nicht auf den Ausgangspunkt. Wir sind einer für den anderen Pilger, die auf verschiedenen Wegen einem gemeinsamen Treffpunkt zuwandern.

Aber heute ist der Respekt vor dem Menschen, diese Voraussetzung unserer Entwicklung, in Gefahr. Der Zerfall der modernen Welt hat uns ins Finstre geschleudert. Die Probleme hängen nicht mehr zusammen, die Lösungen widersprechen sich. Die Wahrheit von gestern ist tot, die von morgen erst zu gebären. Noch ist keine gültige Synthese vorauszusehen, und jeder von uns hält nur ein Teilchen der Wahrheit in Händen. In Ermangelung zwingender Evidenz nehmen die politischen Religionen ihre Zuflucht zur Gewalt. Und während wir uns so über die Methoden streiten, laufen wir Gefahr, nicht mehr zu erkennen, daß wir auf dem Wege zum gleichen Ziele sind...

Wir wollen die Ehrfurcht vor dem Menschen begründen. Warum sollen wir uns innerhalb ein und desselben Lagers hassen? Keiner von uns besitzt das Monopol auf die Reinheit der Absichten. Ich kann im Namen meines Weges den Weg bekämpfen, den ein anderer gewählt hat. Ich kann die Schritte seines Verstandes kritisieren, das Verfahren des Verstandes ist unsicher. Aber ich muß auf der Ebene des Geistes den Mann achten, der nach dem gleichen Stern strebt.

Ehrfurcht vor dem Menschen! Ehrfurcht vor dem Menschen! Wenn die Ehrfurcht vor dem Menschen in den Herzen der Menschen wurzelt, werden die Menschen einmal so weit kommen, ihrerseits wieder das soziale, politische oder ökonomische System zu begründen, das diese Ehrfurcht für immer gewährleistet. Eine Zivilisation bildet sich zuerst im Kern. Sie ist im Menschen zuerst das blinde Verlangen nach einer gewissen Wärme. Von Irrtum zu Irrtum findet der Mensch den Weg zum Feuer ...

Herbert Hinterleithner, Österreich, geboren am 25. 11. 1916,
gestorben als Soldat am 12. 12. 1942

24. Juli 1941
Was ist denn eigentlich das Große, was geschieht, über alle Hindernisse politischer Inszenierung und durch alle himmelblauen Brillen hindurchgesehen –: doch nur wieder das Menschliche oder Unmenschliche, das sich in verschiedenen Räumen abspielt. Abspielt – mit jener gelösten Leichtigkeit, die allen Geschehnissen, selbst den grauenvollsten, vor dem Antlitz Gottes und des fühlenden Menschen anhaftet –, weil selbst in den Klängen völkischer Drehorgeln die reine Melodie des Menschlichen erhalten bleibt, und diese Melodie und diese Bilder, die waren doch schon in uns, ehe sie den anderen, oft undeutlich und verzerrt durch den Tod und auch durch den Hunger, zu Bewußtsein kamen?

Athen, 10. September 1942
Wenn einer einmal erfahren hat, wie sehr jede Forderung des Geistes zu allererst den, der sie ausspricht, verpflichtet, der spricht nicht gerne von Großem, weil er weiß, wie schwer sich danach leben läßt. Der Soldat ist aber nicht das Maß aller Dinge – dieses ist der Mensch, der auch Soldat ist, aber dies nur dazu, um mehr Mensch sein zu können. Es werden viele zurückkommen mit der Fähigkeit eines unerbittlichen Urteils, einer Bereitschaft zum Frieden, aber auch viele mit einer großen Gleichgültigkeit. Die den Tod sehen und gelernt haben, werden um so mehr ein Leben fordern, des Leibes und wenige vielleicht auch – eines des Geistes. Daß wir nicht den Frieden verlieren, ist mindestens ebenso wichtig, als daß wir den Krieg gewinnen. In einem Europa von morgen wird immer der Mensch das Maß aller Dinge sein, und diesen Menschen kann man nicht propagieren, man kann nur – er werden, selbst!

Kurt Reuber, Deutschland, geboren am 26. 5. 1906,
gestorben im Januar 1944 in russischer Gefangenschaft

In der Festung Stalingrad, 18. Dezember 1942
Es ist der 28. Tag, man hat die Zeit nicht bemerkt, aber doch die
Wirkung an uns, wie wandelt sie uns. Alles leidet, Leib und Seele.
– Ich habe einige seelische und leibliche Reserven anbrechen
müssen. Wie manchmal hat unser Herz gezittert und wie manch-
mal stand die Schwermut vor der Türe oder trat herein. Dennoch,
ich muß es immer wieder sagen, ich habe weiter die Kraft des
Aushaltens und des Widerstandes. Zuweilen überkommt mich eine
richtige Herzensfröhlichkeit. Geduld, Ruhe und Zuversicht haben
mich trotz allem nicht einen Augenblick verlassen.
Im großen Bunker steht nun ein Klavier, das eine andere Einheit
bisher auf einem Lkw mitschleppte. Nun spielt unser Komman-
dant, der Musiker, unter der Erde Klavier. Eigenartig und nie ge-
hört, diese Akustik zwischen den Lehmwänden. Wie hört man hier
unter der Erde Musik! Suiten von Bach und Händel, Sätze aus
dem Klavierkonzert in A-Dur von Mozart, aus Beethovens Pa-
thétique-Sonate, von Chopin und Schumann. Und wie gut spielt
der Kommandeur. Man ist ganz hingenommen von dieser Musik.
Man wird solche musischen Stunden nie vergessen! Da kommt
Hauptmann Str. mitten aus dem Kampf eben mal zu uns hereinge-
sprungen. Er berichtet von traurigem und leidvollem Erleben sei-
ner Kampfgruppe. Das Gespräch geht wie Wellental und -berg
auf und ab. Der Kommandeur spielt wieder, dabei dröhnen die
Wände wider vom Geschützfeuer und Bombenhagel, dabei fällt
der Sand über uns. Man zuckt und horcht eine Weile, dann hat die
Musik wieder ihr Wort.
Uns trennt jetzt ein so weites Feld – und ich bin Euch so nahe.
Die Sonne strahlt über die weite, weiße Steppe, bald geht sie zwar
unter, aber »sie tönt nach alter Weise«. Gestern abend kam es
mir blitzartig, daß ich diese Kraft, die mich trägt, dem Zusam-
mensein mit Dir, mit Euch, verdanke. So lebe ich hier von Euch.

Stalingrad, 7. Januar 1943
Kaum eine irdische Hoffnung mehr, den sicheren Tod vor Augen oder ein Schrecken ohne Ende in Gefangenschaft, irgendwo im Raum aller Unbarmherzigkeit. – Wir wissen nun, was sich um uns ereignet hat. Anfängliche Hoffnung auf eine baldige Wende hat sich zerschlagen, wir wissen, daß wir noch lange aushalten müssen. Soweit es menschenmöglich ist, ist es mir bisher gelungen, innerlich aufrecht zu bleiben und nicht drohenden Verzweiflungsgedanken zu verfallen. – Wir haben uns tief in die Erde eingegraben, die wir so unendlich lieben. Alles andere weiß ich im ewigen Schicksalswillen eingeschlossen. Du ahnst nicht, was diese dunkelste Zeit für ein Menschenleben bedeutet, diese Prüfungen müssen sich segnend an uns auswirken.

Brief an seine Frau, geschrieben in russischer Gefangenschaft in Jelabuga, nach Kriegsende durch einen Mitgefangenen überbracht:

Rußland, Advent 1943
Wir wollen davon schweigen, wie bergeschwer das gegenseitige Missen gerade in diesem Jahr als Leid auf uns lastet, und auf Dir am allerschwersten. Wenn auch im Dasein eines Kriegsgefangenen – ich weiß ja, daß ich noch lebe. Aber Dir hat man nüchtern mitgeteilt, ich sei vermißt. Wie nagt das Leid Deiner Ungewißheit an mir, gerade jetzt in der Weihnachtszeit. Ob Du mich unter den Hunderttausenden Toten von Stalingrad suchst oder bang hoffend unter seinen Überlebenden? Ob Du Dir sagst, daß Euer bisheriges Weihnachtswarten auf mich nun endgültig »vergeblich« sei? – Ach, wenn Dich doch irgendeine Botschaft erreicht hätte, ich sei noch da, für Euch da! –
  Wenn Dich mein vorjähriger Weihnachtsgruß aus dem Kessel erreicht hat, fandest Du dabei eine Zeichnung für unseren Gefechtsstand, in dem wir die ergreifendste Weihnachtsfeier angesichts des Todes durchlebten – jene Mutter, die im dunklen Trauerkleid ihr lichtvolles Kind birgt. Um den Rand schrieb ich die Symbolworte alter Mystik: Licht – Liebe – Leben. Schaue in dem

Kind das Erstgeborene einer neuen Menschheit an, das, unter Schmerzen geboren, alle Dunkelheit und Trauer überstrahlt. Es sei uns Sinnbild sieghaften zukunftsfrohen Lebens, das wir nach aller Todeserfahrung um so heißer und echter lieben wollen, ein Leben, das nur lebenswert ist, wenn es lichtstrahlend rein und liebewarm ist. So erfüllen wir den tiefen Sinn unseres alten Weihnachtsliedes:
  Das ewige Licht geht da hinein
  gibt der Welt ein' neuen Schein.
  Es leucht' wohl mitten in der Nacht
  und uns des Lichtes Kinder macht.
 Ich will jetzt nicht von den ganz großen Weihnachtswünschen sprechen, die die Welt bewegen: Kriegsende, gerechter Friede, bessere Gerechtigkeit unter Klassen und Völkern. Ich denke dabei an das Wort des im vorigen Krieg gefallenen Malers Franz Marc, das Du mir aus seinen Feldbriefen in den Kessel schriebst: »Jeder von uns hat große Sehnsucht nach Frieden. Aber was stellen sich die meisten unter Frieden vor? Wiederaufnahme des friedenswidrigen Lebens!« Eine bittere Wahrheit – damals wie heute! Wieviele sind da, die, obschon der jetzige grauenvolle Krieg noch nicht vorüber ist, in ihrer Gesinnung auf kriegerischer Auseinandersetzung als dem einzigen Mittel des Sichdurchsetzens beharren.
 Die erste Voraussetzung einer wahren Befriedung der Welt liegt im Abstellen des Friedenswidrigen im allerpersönlichsten Leben. Wenn wir ehrlich sind, in dieser prüfungsreichen Kriegszeit, die uns Zeit kritischer Selbstbesinnung und Sehnsucht nach der großen Weihnacht des Friedens, der Sonnenwende aller Schrecken, ist, ist jedem von uns klarer als sonst geworden, was er als Friedenswidrigkeit und Entzweiung des Lebens zunächst in seinem engsten Kreis abzustellen hat.
 Bei uns Gefangenen, deren Lebensumstände zur Einkehr zwingen, meldet sich oft die Stimme des Gewissens. Ob wir ihr alle zukünftig folgen werden, oder ob wir ungewandelt in die Heimat zurückkehren? Im letzteren Falle, so sagte mir ein sterbender Kamerad, wären wir nach aller Tiefenerfahrung des weiteren Le-

bens nicht mehr wert. Ohne viel Worte darüber zu machen, ahnst Du, liebste Frau, was dies für mich, uns beide und unsere Kinder zu sagen hat.

Ich will den Blick der Tiefe nicht verlieren für alles Menschliche, aber auch für das, was daraus erhebt. – Diese Bilder! Es wird einmal die Zeit kommen, in der ich die Augen schließen muß, lange und schweigsam, um mit diesen Bildern im Inneren fertig zu werden. Aber in allem weiß ich um die letzte stillende Macht. Wie eine große Plastik stehen die Worte des Psalms vor mir, die mir jetzt so bedeutungsvoll werden, wie ich es nie ahnte: »Bettete ich mich in die Hölle, siehe, so bist Du auch da.« In einer ernsten Stunde der Einkehr sagte ich sie meinen Kameraden und dazu jenes andere Wort: »Dennoch bleibe ich stets an Dir.«

Julius Fucik, Tschechoslowakei, geboren am 23. 2. 1903, hingerichtet am 8. 9. 1943

Im Kriege
Eines Tages wird das Heute Vergangenheit sein, wird man von der großen Zeit und von den namenlosen Helden sprechen, die Geschichte gemacht haben. Ich möchte, daß man weiß: daß es keine namenlosen Helden gegeben hat, daß es Menschen waren, die ihren Namen, ihr Gesicht, ihre Sehnsucht und ihre Hoffnungen hatten, und daß deshalb der Schmerz auch des letzten unter ihnen nicht kleiner war als der Schmerz des ersten, dessen Name erhalten bleibt. Ich möchte, daß sie Euch alle immer nahebleiben, wie Bekannte, wie Verwandte, wie Ihr selbst.

Ja, ich möchte, daß man jene nicht vergesse, die treu und standhaft gekämpft haben, draußen und hier, und die gefallen sind. Aber ich möchte auch, daß die Lebenden nicht vergessen werden, die uns nicht weniger treu und nicht weniger standhaft unter den schwersten Bedingungen geholfen haben. Nicht zu ihrem Ruhm. Aber als Beispiel für andere. Denn die Menschenpflicht endet nicht mit diesem Kampf, und ein Mensch zu sein wird auch wei-

terhin ein heldenhaftes Herz erfordern, solange die Menschen nicht ganz Menschen sind.

Berlin, September 1943
Meine Lieben! Wie Ihr wohl schon wißt, änderte ich meinen Wohnort. Am 23. August in Bautzen erwartete ich gerade Euren Brief und erhielt statt dessen eine Einladung nach Berlin. Am 24. August früh war die Gerichtsverhandlung, und zu Mittag war schon alles fertig. Es fiel nach Erwarten aus. Jetzt sitze ich noch mit einem Kameraden in der Zelle in Plötzensee, wir kleben Tüten, singen uns eins und warten, wann die Reihe an uns kommt. Es bleiben uns noch einige Wochen, manchmal sind es auch Monate. Die Hoffnungen fallen leise und weich ab, wie welke Blätter. Lyrische Seelen, die das anschauen, verfallen manchmal der Sehnsucht. Der Winter bereitet sich den Menschen vor wie einen Baum. Glaubt mir: Nichts, gar nichts hat mir das von meiner Freude genommen, die in mir ist und sich täglich mit irgendeinem Motiv von Beethoven meldet. Der Mensch wird nicht kleiner, auch wenn er um einen Kopf kürzer ist. Und ich wünsche mir brennend, daß Ihr, wenn alles vorbei ist, Euch meiner nicht in Trauer erinnert, sondern mit der gleichen Freude, mit der ich immer lebte.

Falco Marin, Italien, geboren am 3. 5. 1919,
gefallen am 25. Juli 1943

Brá, 13. November 1942 [Jugoslawien]
Die Geschichte unserer Zeit ist seltsam, wie eine nordische Sage von Trollen, wie Peer Gynts Erlebnisse im Reiche der Trolle mit all ihrer Gier. Man versteht nicht recht, was die Völker veranlaßt, einander ununterbrochen seit Jahren abzuschlachten. Es gibt anscheinend keinen Grund dafür, auch die Wirtschaftsberechnungen liefern keinerlei Vorwand. Reform der Besitzverhältnisse, Machtwille, Ausdehnungsdrang und »Lebensraum« sind in aller Munde,

aber nur wenige sehen deren Notwendigkeit ein, und sehr wenige machen praktische Erfahrungen damit. Vielleicht spricht man auf der Gegenseite von Idealen wie Freiheit, Menschlichkeit und gesellschaftlichem Fortschritt mit mehr Begeisterung?
   Unterdessen bezahlt unsere Generation, eine bleiche und leidende Generation, unaufhörlich mit dem Opfer ihrer besten Tage für das materialistische Ideal des Wohlergehens. Jeder will sich einsetzen für ein Prinzip, das jedem nützt, aber je mehr er es tut, um so mehr muß er hingeben für eine Sache, die von seiner Person beinahe abstrahiert. Meine Welt war anders gedacht.

15. Dezember 1942
Am Abend, wenn ich in den tiefen Himmel schaue und fühle, wie sich meine Person im Unermeßlichen verliert und mein kleines Ich vergeht, zittere ich vor Furcht und sage mir: Glücklicherweise werde ich mich nie so entgrenzen, und immer wird etwas von mir übrigbleiben, etwas wesentlich mir Eigenes, hoch über all dem, was ich jetzt besitze.

5. Mai 1943
Gib Dich nicht auf, verliere Dich nicht ins Nichts; aber ich fühle, wie der Boden unter den Füßen nachgibt. Ich bin stolz und glücklich, nicht ohne Gewissen und Pflichtgefühl auf die Welt gekommen zu sein, obgleich mich das unendlich viel Schmerzen kostet. Vielleicht wäre es bequemer, alles über Bord zu werfen und in der Vergessenheit zu leben, aber mir gelingt das nicht. Wenn ich an den Abgrund denke, auf den das ganze Volk zugeht – aber vielleicht irre ich mich, vielleicht geben nur wenige auf diesen Abgrund zu. Lucia, in dieser Welt gibt es eine göttliche Gerechtigkeit und ein bestimmtes, menschliches Gleichgewicht, wir müssen für dieses Zeitalter zahlen. Die Versager zählen nicht mit; wir haften auch für sie. Und düstere Tage ballen sich zusammen.

Yun Tong-Ju, Korea, geboren 1917,
gestorben im Januar 1945 im Gefängnis

Im Kriege
Die Jahreszeiten ziehen über mir hin, Herbst überflutet die Buchten des Himmels.
Mir ist, als könnte ich mühelos alle Sterne am Herbsthimmel zählen.
Aber warum glückt es mir nicht, einen oder zwei der Sterne zu zählen, die mir ins Herz gebrannt sind? Vielleicht, weil die Dämmerung bald anbricht, vielleicht, weil mir morgen noch eine Nacht aufbewahrt ist, vielleicht, weil mir die Tage der Jugend noch nicht gezählt sind ...
Einen Stern nenne ich Erinnerung, den zweiten Liebe, den dritten Einsamkeit, den vierten Sehnsucht, Dichtung den fünften, Mutter den sechsten. Mutter, ich taufe die Sterne mit schönen Namen, wenn ich sie zähle: Mit Namen von Schulfreunden, die mit mir am Schreibpult saßen; mit Namen fremder Mädchen: P'ae, Kyong und Ok; mit Namen armer Nachbarn; mit Namen von Dichtern wie Francis Jammes und Rainer Maria Rilke. Allzu fern sind sie alle wie Sterne, und auch Du, Mutter, wohnst weit im nördlichen Kando.
Nach dem Unsagbaren sehne ich mich; meinen Namen schreibe ich auf den sternbeglänzten Hügel, dann bedecke ich ihn mit Sand. Mit Sand: weil die Zikaden, die die Nachtwache halten, über meinem bescheidenen Namen wehmütig zirpen ...

Kim Malthe-Bruun, Dänemark, geboren am 8. 7. 1923,
hingerichtet am 4. 4. 1945

Danzig, 28. Mai 1941 [An Bord]
Nur in einer Richtung habe ich die Wahrheit mit göttlicher Klarheit gefunden, in meiner Liebe zu dir. Darum kommt sie mir auch so unermeßlich wunderbar vor, Weil sie so rein und so einfach ist

und weil in ihr nicht eine einzige Stelle ist, in der sich ein kompliziertes Gefühl finden läßt. Wie sehr wünsche ich, daß ich in meinem Innern das vollkommene Glück erreichen und dich glücklich machen kann. Das Leitwort meines Lebens soll bleiben: »Die Wahrheit vereinfacht alles.« – Ich habe im Gegensatz zu so manchen andern das aus meinem Leben gelernt, daß die Arbeit nicht das Ziel sein soll, sondern nur ein Mittel, seine Persönlichkeit zu entwickeln und auszubilden.

Ich glaube daran, daß die inneren Werte viel wichtiger sind als die rein materiellen Güter, die man hier im Leben gewinnen kann. Damit ist nicht gesagt, daß ich nicht wünsche, etwas zu werden, nein, denn ich bin der Meinung, daß der Kampf darum, etwas zu werden, auch entwickelt, aber man sollte mehr darauf achten, nicht blind auf ein Ziel zu starren und dabei alles andere zu vergessen.

Helsingfors, den 28. November 1941 [An Bord]
Ich glaube nicht, daß wir uns auch nur annähernd der Verantwortung bewußt sind, die hier im Leben auf uns ruht – daß wir ein Glied sind in der Gesamtentwicklung der Welt, daß wir mit jedem Versagen ein wenig von dem schwächen und zerstören, was unsere Kinder und Kindeskinder haben sollten, um darauf weiter aufbauen zu können. Es gibt unendlich vieles, was wir Menschen schwerlich je verstehen werden, ich glaube aber, daß es viel leichter und einfacher ist, als wir es uns vorstellen.

„Ihr glaubt zu altern und werdet reif. Eure Taten und eure Toten machen euch reif und halten euch jung. Das Leben ist alt und gierig geworden, der Tod bleibt sich immerdar gleich. Weißt du nichts von der ewigen Jugend des Todes? Das alternde Leben soll sich nach Gottes Willen an der ewigen Jugend des Todes verjüngen. Das ist der Sinn und das Rätsel des Todes. Weißt du das nicht?"

Walter Flex (gefallen im 1. Weltkrieg),
Auszug aus „Der Wanderer zwischen zwei Welten",
München 1918

Ein Schlußwort

In der Abrundung zu dem Geschriebenen sei noch dieses vermerkt: Neben dem Zeitenlauf geht immer auch ein anderer „Strom" einher im Geistgebiet. Es ist eine Art Korrespondenz zwischen beiden die laufend stattfindet. Was wir heute tun und lassen, findet in den Geisteswelten einen Nachklang, ein Gehörtwerden. Nichts ist verloren auf dieser Welt. Wir werden geführt, ja auch beurteilt von hohen Wesen, die die Menschheit begleiten. So mögen wir in all unserer Unfertigkeit mit der Bitte leben, daß die geistig-göttlichen Welten auch unsere bescheidenen Ansätze als etwas nehmen mögen, was sie in ihrer abgrundtiefen Liebe ergänzen und weitertragen können. Nur aus der Demut, aus dem Aufblick zu jener Majestät, die alles überschreitet, was wir denken können, mag ein Hoffnungsschimmer unsere Herzen erreichen. Wir sind nicht verloren, solange es noch Menschen gibt die diesen Anschluß suchen.

Die Menschheit geht einen schweren Weg in eine unbekannte Zukunft hinein, und man kann den Eindruck gewinnen, daß wir keine Zeit mehr zu verlieren haben.

„In einem Europa von Morgen wird immer der <u>Mensch</u> das Maß aller Dinge sein, und diesen Menschen kann man nicht propagieren, man kann nur – <u>er</u> werden selbst."

(Die Stimme eines Gefallenen)

Immer wieder muß einer von vielen,
die am Fuße des Berges verharren,
den Aufstieg beginnen!
Immer wieder muß einer

von Dämonen gejagt,
von Engeln umkreist,
vom Tode befragt,
von Göttern gespeist ...

Immer wieder muß einer
den Aufstieg zum inneren Athos beginnen!
Immer wieder ...

Und riß er mit sich
den lebendigen Baum,
daß der Ausgewurzelte
ächzend über ihn hinstürzt,
und riß er mit sich
die Gestirne des Himmels
in den Abgrund der Seele ...

Immer wieder muß einer der vielen,
die am Fuße des Berges verharren,
den Aufstieg beginnen!

                        Hedwig Börger

Verlag Ch. Möllmann

Sigismund von Heynitz:
Wege zur Hygienischen Eurythmie
Der Verfasser, Dr. med Sigismund von Heynitz aus Schloß Hamborn, hat als Arzt über Jahrzehnte Umgang mit der Eurythmie gehabt, vor allem im Sinne des hygienisch-therapeutischen Impulses. Was im letzten Jahrzehnt, vor allem kursmäßig, entstand, wird in diesem Büchlein entwickelt. Dazu werden menschenkundliche Grundlagen gegeben. Der Leser wird angeregt, sich übend mit der Eurythmie zu befassen.

Sigismund von Heynitz: Wachen und Schlafen
Die Arbeit geht den großen Rhythmen nach von Tag und Nacht, in denen wir täglich stehen. Wachen und Schlafen gehören zu den wesentlichen Fragen unseres Menschseins, wenn auch mehr im Verborgenen. Es wird dargestellt, wie jeder einzelne seinen Rhythmus finden muß und daß es eine Hilfe sein kann, sich die großen Zusammenhänge, in denen wir leben, etwas deutlicher zu machen. Der unbefangene Leser wird auf jeden Fall Stoff zum Nachdenken entdecken.

Gerhard Joedicke: Zeitgewissen
Texte, Gedichte
Es gehört zur Verantwortung des Menschen, sich den Zeitereignissen zu stellen. Das wird versucht durch Gedichte zum "Fall der Mauer", zum Krieg in Bosnien und Tschetschenien und zu der Friedensfrage unter den Völkern. "Zeitgewissen" will ein Aufruf zur Versöhnung der Menschen und zum Frieden sein.

Ernst Lutterbeck: Anthroposophie verstehen
Eine Einführung nach persönlichen Erfahrungen
Viele kennen den Namen "Anthroposophie", können sich aber nur wenig darunter vorstellen und würden gerne in verständlicher Form etwas darüber lesen. Diesem Interesse will dieses Buch dienen. Der Verfasser beschreibt darin seinen eigenen Weg in die Anthroposophie und welche Probleme er dabei hatte, die wohl die Probleme auch anderer Interessenten sind. Von dieser Prämisse ausgehend behandelt er alle Teilgebiete in einer ersten, überblicksartigen Weise Schritt für Schritt und gibt zahlreiche Literaturhinweise zum Weiterstudium.